Peter Gerdes (Herausgeber): Mordlichter

Peter Gerdes (Hrsg.):

MORD LICHTER

Kriminalstorys

LEDA
VERLAG

Peter Gerdes (Herausgeber):
Mordlichter
Krimi-Anthologie

1. Auflage 2001
ISBN 3-934927-12-2

Leda-Verlag, Kolonistenweg 24, D-26789 Leer
info@leda-verlag.de
www.leda-verlag.de

Lektorat und Satz: Heike Gerdes
Titel und Umschlaggestaltung: Holger Fischer
Grundschrift: Novarese
Druck und Gesamtherstellung: Rautenberg Druck GmbH, Leer
Printed in Germany

Inhalt

Maeve Carels

Der falsche Film

Gabriel saß an seinem Mahagonischreibtisch. Seine Mutter hasste den Gedanken, dass das Holz einen Kratzer bekommen könnte. Gabriel war eher besorgt um das Mikroskop und den Computer. Außer ihm selbst hatte seit Jahren kein Junge dieses Zimmer betreten – nicht, seit sie begriffen hatten, dass er auf seinem Rechner weder Moorhühner schoss noch mit Lara Croft spielte.

Aus dem Wohnzimmer hörte er die Stimmen seines Vaters und des amerikanischen Geschäftspartners. Vor einer Stunde war Gabriel in Anzug und Krawatte zum Begrüßungskomitee gestoßen, um sein: „Nice to meet you, Sir" aufzusagen. Und dann war es passiert, das Magische. Ganz beiläufig hatte der Businessman mit der Aura eines leutseligen Mr. President den Football hinter seinem Rücken hervorgeholt. Gabriels Mutter hatte mit gequälter Stimme „oh" gesagt und hastig angefügt, das sei aber „very friendly".

Da saß er nun und drehte den Ball in den Händen, eiförmig aus vier Abschnitten geformt, eine der Nähte in der Mitte wie ein Turnschuh geschnürt. Ein Firmenname war in Schreibschrift in das rotbraune Leder geprägt, und auf der anderen Seite fanden sich magische Worte wie „Full Grain Leather", „Triple Lined" und vor allem: „Official Size".

„Official Size" verstand Gabriel. Es bedeutete, dass dies kein Kinderspielzeug war, sondern echt.

Gabriel hatte nie zuvor einen Football in der Hand gehabt. So etwas gab die Kleinstadt, in der er aufwuchs, nicht her. Aber da er eine Schwäche für amerikanische Filme hatte, wusste er, worum es ging. Er liebte den Moment, wenn sich aus dem Knäuel kämpfender Spieler einer hochrappelte, sich freilief und mit dem Lederei im Arm dem Heldenruhm entgegensprintete.

Eigentlich sahen Gabriels Heldenträume anders aus. Gabriel als Held war ein Mann, der gemessenen Schrittes vom Rednerpult stieg und jemandes Hand schüttelte, während im Saal Beifall aufrauschte, die Menschen von ihren Stühlen hochsprangen und Bravo-Rufe laut wurden.

Diese Art Heldentum ist unter Schuljungen ungefähr so gefragt wie Schüler mit Bestnoten, die in der Sportstunde jedes Spiel versauen, weil sie den Ball fallen lassen – wenn sie ihn rein zufällig mal erwischen sollten.

Dieser Ball war anders. Gabriel konnte sich nicht vorstellen, ihn fallen zu lassen.

Was er damit anfangen sollte, wusste er noch nicht. Das Ding konnte ihn in der Schule zu einer Attraktion machen, aber es wäre unklug, einen Trumpf voreilig auszuspielen. Er musste nachdenken. Und solange er nachdachte, musste er üben, was er im Fernsehen gesehen hatte – rennen, Haken schlagen, stürzen und vor allem: den Ball festhalten.

In der Diele wurden Stimmen laut. Der amerikanische Geschäftsfreund verabschiedete sich. Gabriel eilte mit der Pille im Arm nach unten, um ordnungsgemäß an der Zeremonie teilzunehmen. Es gab viel Zähneblecken und Händeschütteln, herzliches Winken und schließlich erleichterte Seufzer. Seine Mutter deckte eilig den Abendbrottisch.

Sie runzelte die Stirn, als Gabriel die Pille neben sich auf den Stuhl legte. „Ist das nicht so eine Art Fußball für ein furchtbar brutales amerikanisches Spiel?"

„Hab ich in Amerika ganz gern geguckt", sagte sein Vater. Er wog den Ball in der Hand. Gabriel konnte sehen, dass es ihn in den Fingern juckte, ihn zu werfen. Statt dessen legte er ihn mit einem Seitenblick auf seine Frau so vorsichtig auf den Stuhl zurück, als wäre es eine Bombe.

Enthusiasmus macht Leute aufmerksam, und auf Aufmerksamkeit war Gabriel nicht scharf. Er ließ die Pille auf dem Schreibtisch liegen. Erst nach einer Woche gewöhnte er sich an, mit dem Ball unter dem Arm rauszugehen – nicht vorn, sondern durch den Garten in den Wald.

Normalerweise ging Gabriel langsam, die Augen auf den Boden und die Gedanken auf ein Problem gerichtet. Jetzt lernte er, mit einem Arm etwas festzuklammern, mit dem anderen das Gleichgewicht zu halten, dabei Geschwindigkeit zu entwickeln und nicht den Boden, sondern die Gegner im Auge zu behalten. Seine schlimmsten Widersacher waren Baumwurzeln und Kaninchenlöcher. Er musste eine Art Radar in den Sohlen entwickeln.

Am nächsten Tag hatte er heftigen Muskelkater, aber darüber hinaus unterschieden sich dieser und die folgenden Schultage nicht von früheren. Er wurde jeden Morgen in den Rücken gestoßen, stolperte in die Klasse und wich Volker aus, der ihm ein Bein stellte. Wenn Gabriel seinen Tisch vor dem Lehrerpult erreicht hatte, stapelte er seine Hausaufgabenhefte am Rand, damit jeder sich zum Abschreiben daran bedienen konnte. Das Arrangement hatte den Nachteil, dass seine Hefte zerfleddert aussahen. Der Vorteil lag darin, mittags nicht mit blutender Nase nach Hause zu kommen.

Erst zwei Wochen später geschah etwas Ungewöhnliches: Volker wollte sich Gabriel aus Rache für eine spöttische Bemerkung auf dem Weg zum Bus packen – und griff daneben. Normalerweise pflegte Gabriel sich zitternd an die nächste Wand zu drücken. Diesmal rannte er dem besten Sportler der Schule mit der Tasche im Arm davon. Natürlich hätte Volker ihn einholen können, aber er war vor Verblüffung stehengeblieben.

Das Problem war somit auf den nächsten Morgen verschoben und Zuspätkommen die einzige Möglichkeit, Volker auszuweichen. Gabriel liebte es, durch die Schule zu gehen, wenn es in den Gängen still war und man hinter den kunststoffbeschichteten blauen Türen Gemurmel, Stühlerücken und die klaren Stimmen der Lehrer hörte.

Normalerweise musste er sich beim Treppensteigen am Geländer festhalten. Jetzt beanspruchte er die Mitte. Ein Gefühl, als sei er selbst Lehrer, nur dass er sich nicht vorstellen konnte, die Perlen der Wissenschaft vor die Säue zu werfen. Er wollte an ein Forschungsinstitut. Im Geiste ging er zu seinem Labor hinauf, um die letzten Ergebnisse zu überprüfen. Gleich würde er an den Tisch mit der komplizierten Versuchsanordnung treten, mit Gläsern und Röhrchen, Destillationsapparaten, Filtern und dem Mikroskop. Zellkulturen, Keime, Viren, Gene, Molekularbiologie, Computer und komplizierte Formeln. Und eines Tages die bahnbrechende Entdeckung. Vorträge, Reisen, öffentliche Säle, der Applaus, das Händeschütteln. Und schließlich das quadratische Kästchen, mit offenem Deckel überreicht im Blitzlichtgewitter der Fotografen.

Er seufzte tief, klopfte kurz an und trat ein. „Entschuldigen Sie bitte", murmelte er, als er sich hastig auf seinen Platz setzte. „Mir war heute Morgen nicht gut."

Der Englischlehrer war nach dem Pausengong knapp zur Tür hinaus, als Volker zum Angriff überging. Gabriel hatte gerade das Lehrbuch einpacken wollen. Aus einem Reflex heraus schleuderte er es Volker mit Wucht entgegen.

Es entwickelte eine andere Flugbahn als der Football, aber Volker blieb stehen, als wäre er gegen eine Wand gelaufen. Er presste die Hände an die Brust und schnappte mit schmerzverzerrtem Gesicht nach Luft.

Gabriel hob das Buch auf, packte es in seine Tasche, holte seine Pausenlektüre heraus und ging nach draußen. Aber er konnte sich nicht aufs Lesen konzentrieren.

Er hatte genug amerikanische Filme gesehen, um die festgeschriebenen Rollen zu kennen: die Sportskanone und der mit der Brille. Entweder waren sie beide gute Kerle, dann wurden sie Freunde. Oder der Sportler war ein böser Kerl, dann würde er sich fortan damit beschäftigen, dem mit der Brille zu schaden. Und dabei irgendwann einen Reinfall erleben.

Oder der mit der Brille war der Böse. Dann wäre dies der Auftakt einer Horrorshow.

Zu Hause feuerte Gabriel seine Schultasche in die Ecke, schnappte sich die Pille und rannte nach draußen. Er musste sich einiges von der Seele laufen. Danach lag er auf einer Waldwiese und betrachtete den eiförmigen Ball. Die schwarze Schrift war an einigen Stellen abgewetzt, und das Band, mit dem die Naht zugeschnürt war, nicht mehr weiß.

Was wäre, wenn man eine Mannschaft aufstellen könnte? Damit würde sich endgültig alles ändern.

Volker und er in einem Team?

Irgendwo in seinem Kopf brandete Beifall auf. Er sah sich selbst, schlammbespritzt, wie er den Helm abnahm und sich durch die Haare fuhr, zu den Rängen hinauflächelte und zur Trainerbank ging.

Er hatte in seinem ganzen Leben noch nie vor Zuschauern gespielt. Gabriel packte das Lederei fester. Würde er den Ball fallen lassen?

In dieser Nacht schlief er schlecht.

Der Deutschlehrer legte den Stapel Hausaufgaben auf das Pult und lächelte in die Runde. „Meine Herrschaften, ich habe zu meiner Freude festgestellt, dass diese Klasse Teamwork-begabt ist, was sich unschwer daran erkennen lässt, dass ihr alle das selbe schreibt. Und damit ich mir anschauen kann, wie eure Hausaufgaben-AG arbeitet, wird sie ab morgen hier in der Schule stattfinden, und zwar jeweils von vierzehn bis fünfzehn Uhr dreißig. An jedem Tag, an dem Deutschunterricht stattfindet."

Er hob die Hand wie ein Priester, um dem Zorn des jungen Volkes Einhalt zu gebieten. „Diese Maßnahme ist mit dem Schulleiter abgesprochen und gilt für eine Woche."

Nachsitzen mit Schülern, die auf eine Gelegenheit warteten, ihre Wut an ihm auszulassen, und das zu einer Tageszeit, zu der sich sonst kein Mensch auf dem Gelände befand? Gabriel war nicht lebensmüde. Während die anderen nach dem Pausenzeichen aus dem Klassenraum stürzten, wühlte er umständlich in seiner Tasche. Der Lehrer wischte die Tafel und packte seine Sachen. Als sie allein waren, stand Gabriel auf. „Herr Herschenbroich?"

Der Lehrer sah auf. „Mein Entschluss steht fest, Gabriel. Tut mir leid. Mitgefangen, mitgehangen."

„Ich wollte Ihnen nur mitteilen", sagte Gabriel, „dass ich an den zusätzlichen Unterrichtsstunden nicht teilnehme. Eine Entschuldigung von meinen Eltern reiche ich nach."

Herschenbroich lächelte über die ganze Breite seiner nikotingefärbten Zahnreihen. „Ich werde nicht dreimal hintereinander eine Entschuldigung akzeptieren. Darf ich fragen, mit welchem Argument du fernbleiben willst?"

„Ganz einfach", sagte Gabriel. „Ich gehöre nicht zur Hausaufgaben-AG."

„Mein lieber Gabriel." Jetzt troff Herschenbroich vor Verachtung. Das ergab einen stimmigeren Gesamteindruck, der bei weitem nicht so beunruhigend war wie das ewige Lächeln mit eiskalten Augen. „Für mich ist der, der seine Hausaufgaben zur Verfügung stellt, genauso schuldig wie die, die abschreiben. Ist das klar?"

„Okay", sagte Gabriel bitter. „Sie sind nicht an meinen Problemen interessiert, und ich nicht an Ihren. Sie sehen Ihre Aufgabe allein im Vermitteln des Lehrstoffs. Bei mir ist das Ziel erreicht. Lassen Sie mich in Ruhe."

Er wandte sich ab und war schon fast an der Tür, als Herschenbroich ihn zurückrief. Er drehte sich um und stellte fest, dass der Lehrer fast menschlich aussah. Das Undefinierbare in seinem Gesicht war Angst. „Gabriel, das kann aber so nicht weitergehen. Und wenn ich deine Entschuldigung durchgehen lasse, kommen die anderen auch nicht. Ich brauche deine Hilfe."

„Und wo waren Sie", fragte Gabriel, „wenn ich Hilfe gebraucht habe? Ich musste lernen, mir selbst zu helfen. Ich schlage Ihnen vor, das Gleiche zu tun."

„Filmreife Szene", dachte Gabriel, als er hinausging. „Zu gut, um neu zu sein. Wahrscheinlich hab ich das schon mal irgendwo gesehen."

Er hüpfte die Treppe hinunter und trat auf den sonnenüberfluteten Schulhof. Er hatte sich gegen Herschenbroich durchgesetzt, und nun kämpfte er sich durch das Pausengewimmel zur Turnhalle, ohne von rennenden oder raufenden Schülern umgerissen zu werden. Heute war es sozusagen sein Schulhof, und er trat fester auf. Allerdings nur ungefähr bis zur Mitte. Dann wurde ihm klar, dass die sogenannte Hausaufgaben-AG vor der Turnhalle nicht nur auf den Beginn der Sportstunde, sondern auch auf ihn wartete.

Umkehren konnte er nicht. Wenn er jetzt weglief, machte er sich lächerlich.

„Petzer", spuckte der Erstbeste, an dem er vorbeiging, ihm ins Gesicht.

„Petzer", sagte auch Volker, und zwar so düster und so bitter, als sei eine Welt für ihn zusammengestürzt.

Gabriel wollte ihm erklären, er dürfe nicht wörtlich abschreiben, aber ein Tritt von hinten warf ihn halb in Volkers Arme. Er stieß einen wütenden Schrei aus. Gabriel mochte nicht angefasst werden. Er schlug, statt sich festzuhalten, unwillkürlich um sich.

Angeekelt riss er den Kopf hoch, als der Boden ihm entgegenkam. Er hasste Dreck, er wusch sich ständig die Hände, aber jetzt konnte er sie nicht schützen. Er versuchte sich abzufangen, jemand trat ihm den Arm weg, und er prallte mit der Schulter auf den grauen Beton des Schulhofs. Im Bemühen, sein Gesicht vom Boden wegzuhalten, spürte er kaum den nächsten Tritt. Er schrie erst wieder auf, als jemand seinen Arm hochriss und hinter dem Rücken verdrehte. Dann lag seine Wange am Boden, Beton und Steinchen, Staub und Bakterien, Viren und Dreck von Hunderten dicksohliger Schülerschuhe an seinen Lippen. Ein Tritt gegen die Stirn, und zwischen Beton und Wangenknochen schrammte die Haut auf. Blut vermischte sich mit Schmutz. Der vierte Tritt traf sein Ohr. Gabriel schrie, Staub und Steinchen im Mund. Jemand trat auf seinen Fußknöchel. Der Schmerz jagte durch seinen ganzen Körper und ließ nichts aus.

Jetzt war es egal, wohin sie traten. Jedenfalls dachte er das und blieb still liegen, ein Universum aus Schmerz, bis jemand ihn herumrollte und ihn an eine Stelle trat, über die er sich selten Gedanken machte. Er übergab sich, bis das Universum sich zusammenzog und am Horizont wieder der graue Beton erschien, nass von Erbrochenem. Aber ansonsten leer – ohne Stiefel, ohne Turnschuhe, ohne Sandalen.

Gabriel war allein. Aus einem offenen Fenster unter dem Dach der Turnhalle kamen gedämpft Befehle, ab und zu ein Jubelschrei und das unregelmäßige „Pimpf, Pimpf" eines Lederballs auf dem Hallenboden.

Gabriel stemmte sich mühsam auf die Knie hoch und tastete den Boden ab, um seine Brille zu finden. Dann sah er das, was davon übrig war, und musste lachen.

Er lag mit gesenktem Kopf auf den Knien, Blut tropfte aus seiner Nase auf seine Hosenbeine, und er hielt sich den Bauch und versuchte keuchend, die unbeherrschten Laute aufzuhalten, die aus seinem schmerzenden Brustkorb aufstiegen wie Blasen und sich anhörten wie Hyänengekicher.

Jemand hatte auf seine Brille getreten und mit dem Absatz die Gläser zermahlen. Eine klassische Filmszene. Das Gestell war nur noch platter Draht mit Resten von rötlichem Lack und ein paar Plastiksplittern.

Er hob es auf und steckte es in seine Hemdtasche, die halb aufgerissen herunterhing. Gabriel rappelte sich hoch, torkelte Richtung Turnhalle und durchbrach das Rhododendron-Gestrüpp, bis er an die Hallenwand stieß. Er lehnte sich mit dem Rücken gegen die Ziegel und ließ sich langsam auf die Erde herabrutschen. Ein Dach aus Laub und Zweigen schloss sich über ihm, und Gabriel ruhte aus.

Sein Verstand begann wieder zu arbeiten. Er musste sich waschen, und er brauchte saubere Klamotten. Er schaute auf seine zerschrammte Uhr. Das ganze Ereignis hatte keine zehn Minuten gedauert und die Turnstunde gerade erst angefangen. Also hatte keiner der Schüler auf absehbare Zeit etwas im Umkleideraum zu suchen.

Er ließ sich nach vorn fallen und krabbelte auf Händen und Knien aus den Büschen.

Einige Fenster standen offen. Aus einem tönte, gedämpft durch wehende braune Übergardinen, die künstlich aufgeregte Stimme eines Dokumentarfilmsprechers. Niemand war auf dem Pausenhof. Gabriel schlüpfte durch den Halleneingang und ließ sich auf einer Woge von plötzlichem Begeisterungsgeschrei der Ballspieler in den Umkleideraum spülen.

Er schwankte in Richtung Duschen, streifte seine schmutzigen Sachen ab und drehte das Wasser auf. Jemand hatte Seife liegenlassen. Er benutzte sie gründlich. Es tat weh, aber es wusch den Ekel von der Haut.

Gabriel betastete seine geschwollenen Hoden und zuckte zusammen, aber er hatte den Eindruck, noch funktionsfähig zu sein. Nicht nur das Gesamtkonzept Gabriel, auch die Einzelteile hatten die Schlacht überlebt.

Er patschte mit nassen Füßen durch den Raum, zog ein Handtuch aus der nächststehenden Tasche und trocknete sich flüchtig ab. Er fand eine leere Plastiktüte und stopfte seine dreckigen Klamotten hinein. Dann schnappte er sich eine von den übermäßig weit geschnittenen Jeans, die man auf der Hüfte trug, den Arsch zwischen den Knien. Er fand die Dinger albern, aber diese Hose war wenigstens seinen malträtierten Geschlechtsteilen nicht im Weg.

Sein Blick fiel auf Miß Piggys weißes Sweatshirt. Natürlich war es nicht nett, ausgerechnet das andere Opfertier der Klasse zu beklauen. Aber das Shirt roch frisch gewaschen, und wenn es etwas gab, wonach Gabriel sich jetzt sehnte, dann war es frisch Gewaschenes.

Er schlich aus der Halle und hielt die Glastür fest, damit sie langsam und lautlos zuging. Auf dem Schulhof stand seine Tasche genauso ordentlich, wie er sie abgestellt hatte. Diesmal hatten sie lieber zugeguckt, wie er zusammengeschlagen wurde, als sich die Zeit zu nehmen, sie auszukippen.

„Ich bin gestürzt", erklärte Gabriel, als seine Mutter ihn mit hervorquellenden Augen anstarrte. „Sieht schlimm aus, oder? Ist aber nichts passiert."

Er wusch Miss Piggys Sweatshirt, warf es in den Trockner, faltete es schließlich sorgfältig zusammen und steckte es in eine saubere Tüte, bevor er es in seiner Schultasche verstaute. Im Küchenschrank fand er Sahneschokolade – sein Vater mochte die gleiche Sorte, die Piggy immer aß. Gabriel packte sie zu dem Sweatshirt.

Jetzt blieb nur noch, an die Tür von Papas geheiligtem Arbeitszimmer zu pochen. Das war bei allen Angelegenheiten üblich, die den Komplex „Strafe" berührten.

Sein Vater blickte zerstreut auf und setzte dann irritiert seine Brille ab, während Gabriel das Problem der aufgeflogenen „Hausaufgaben-AG" schilderte. Er sah, wie sich ein Ausdruck der Abscheu in die Miene seines Vaters schlich und die Stirn sich furchte.

„Nun", sagte sein Vater undeutlich, weil er vor unterdrücktem Widerwillen die Zähne schlecht auseinanderbekam. „Natürlich war es die einfachste Lösung, den Jungs deine Hefte zu überlassen, um Repressalien aus dem Weg zu gehen."

Das klang nicht nach Bewunderung für effiziente Problembewältigung.

„Offen gesagt, ich kann den Standpunkt deines Lehrers nachvollziehen. Es wäre eine grobe Missachtung seiner Autorität, dich mit einem Attest aus der Affäre zu ziehen. Und es sähe ziemlich feige aus. Oder findest du nicht?"

Du bist im falschen Film, Dad, dachte Gabriel und stand mühsam auf. Er wollte um alles in der Welt von dieser eisigen Ablehnung fort. „In Ordnung, Papa", sagte er und ging hinaus.

Daddy, wenn Gott gewollt hätte, dass dein Sohn ein Held wird, hätte er ihm einen anderen Vater gegeben. Wird eigentlich jeder Sohn irgendwann ans Kreuz genagelt? Und wenn du willst, dass dein Sohn zum Helden wird – glaubst du, mich mit einer teuren Bifokalbrille genügend dafür ausgerüstet zu haben? Wie wär's mit ein paar Muskeln gewesen und einem guten Judo-Lehrer? Oder einem Colt? Wir werden ihn nämlich kriegen, den Showdown at High Noon. Und wenn's soweit ist, wirst du nicht auf der Straße sein – wie alle braven Bürger. Aber wenn's vorbei ist, weinst du und bist stolz. Pa, krieg ich ein Holzkreuz mit meinem Namen drauf? Du weißt, viele Söhne kriegen nicht mal das.

Wie dramatisch, Gabriel, dachte Gabriel, schloss die Tür seines Zimmers hinter sich und setzte sich an seinen Schreibtisch. Verlieren wir nicht ein bisschen den Blick für die Relationen?

Er öffnete seine Kühlbox mit den Präparaten und begann zu arbeiten. Er musste vorsichtig sein, um nichts mit der Pinzette zu zerdrücken, viel vorsichtiger als sonst. Seine Hände zitterten.

Der Gedanke, dass sein Vater ihm das Attest verweigern könnte, war ihm nie gekommen.

Der Hausmeister schloss gerade erst die großen Doppeltüren auf, als Gabriel angerannt kam. Er war der erste. Ein weiterer Weg, um Unannehmlichkeiten aus dem Weg zu gehen. Gabriel schob die Plastiktüte unter Piggys Tisch, schlug sein Physikbuch auf und versuchte zu lesen. Sein blaues Auge schmerzte, und mit der alten Brille konnte er nicht gut sehen. Außerdem war sein Verstand damit ausgelastet, Antworten auf alle möglichen Fragen zu seinem Aussehen zu konstruieren. „Fahrradunfall…Die Treppe runtergefallen…"
Aber kein Lehrer stellte eine Frage.
Piggy war ebenfalls früh gekommen. Auch er musste den Weg ins Klassenzimmer schaffen, bevor die Rowdies eintrafen. Piggy wollte seine Tasche unter die Bank schieben – auch einer von denen, die sie nicht neben den Tisch stellen konnten, weil sie dort ausgeräumt oder umgestoßen wurde – und stutzte. Mit der Umsicht, die man einer scharfen Handgranate angedeihen läßt, spähte er in die Tüte. Als er die Schokolade fand, machte sich ein Grinsen auf seinen Backen breit, das er hastig zusammen mit dem wiedergefundenen Sweatshirt unter die Bank zu schieben schien.
Dann schielte Piggy verstohlen zu Gabriel herüber.
In jedem amerikanischen Scheißteenagerfilm, dachte Gabriel verbittert, wäre dies der Beginn einer grandiosen Freundschaft. Aber das war's nicht, und das wusste er.
Wenn du es wirklich gewusst hättest, Arschloch, dachte Gabriel, hättest du dir die Schokolade sparen können.
Piggy sah weg. Und Gabriel hatte eine Scheißangst vor diesem und vor allen kommenden Schultagen.
In der großen Pause fanden sie eine Ecke, in der sie Gabriel herumschubsen konnten, ohne aufzufallen. In der nächsten Pause überkletterte Volker mit zwei Freunden die Trennwand der Toilettenkabine, in die Gabriel sich eingeschlossen hatte. Sie entwickelten bei der Lösung der Frage, was sich auf so engem Raum mit einem Menschen anstellen lässt, erstaunlich viel Phantasie. Gabriels Schreie verklangen ungehört in den Wassern der Kanalisation.

Nach diesem Ausbruch wirkten die weiteren Angriffe kaum mehr als halbherzig, und dann hörte auch das auf.

Am nächsten Tag brachte Gabriel seinen Football mit zur Schule und stellte ihn für ein Spiel zur Verfügung. Er hatte keine Bedenken, ihn nicht zurückzubekommen. Sie waren zu weit gegangen, und sie wussten es, und er wusste, dass sie es wussten. Er war für eine Weile sicher.

Volker warf die Pille in der letzten Pause durch ein geschlossenes Fenster und wurde zum Schulleiter zitiert. Er war noch nicht zurück, als der Gong das Ende des Schultages ankündigte und die Klasse überstürzt aufbrach. Herschenbroich rief Gabriel zurück und hielt einen ernsten Monolog über Jungen, die sich beliebt zu machen versuchen, in dem sie verbotenerweise gefährliche Dinge mitbringen.

„Es ist ein Ball", sagte Gabriel. „Wollen Sie ihn in einen Topf mit den Klappmessern werfen, die die Hälfte der Jungs in der Tasche trägt?"

„Dieser Ball war immerhin gefährlicher, als du dachtest, nicht wahr?" sagte Herschenbroich. „Lass dir das eine Lehre sein." Er reichte Gabriel das konfiszierte Lederei mit priesterlichem Ernst zurück.

Volker musste gewartet haben. Er stand einen Stock tiefer auf der Treppe.

Es war nur ein Moment, mehr nicht. Einfach eine Gelegenheit. Volker hatte soeben den Fuß auf die von unten gesehen letzte Stufe der Treppe zum zweiten Stock gesetzt. Gabriel hatte soeben seinen Fuß auf die von oben gesehen erste Stufe der Treppe in den zweiten Stock gesetzt.

Gabriel bemerkte nicht einmal, dass er die Schultasche abgestellt hatte und den Ball in beiden Händen hielt. Dann hob er den Wurfarm. Die Pille flog mit der Spitze voran und drehte sich vorschriftsmäßig in der Luft um ihre Längsachse. Lehrbuchreif zog sie ihre Bahn und traf die Vorderseite von Volkers Sweatshirt genau dort, wo das kleine, goldene Kreuz hing.

Für den Bruchteil einer Sekunde schien Volker in der Luft stillzustehen, den Schwerpunkt des Körpers viel zu weit nach hinten verlagert. Dann bewegten sich seine Beine, um das Gewicht abzufangen. Sein rechter Fuß knickte über die Kante einer Treppenstufe ab. Er stürzte hinterrücks und streckte instinktiv die Arme aus, bekam aber nichts zu fassen. Als er sich nach dem ersten Aufprall überschlug, schlenkerten seine Glieder leblos wie bei einer Lumpenpuppe. Am Fuß der Treppe blieb er liegen, und die Winkel zwischen Kopf, Hals und Boden waren grotesk. Der Football, von seiner Brust abgeprallt, sprang, kollerte ein paarmal herum und blieb hoch über ihm auf einer Stufe liegen.

Gabriel rannte auf weichen Turnschuhsohlen lautlos hinab, hob im Vorbeigehen die Pille auf und verschwand um die Ecke, während er den Ball in seine Tasche stopfte und den Reißverschluss zuzog. Er hastete die Hintertreppe hinunter, stieß die Tür zum Nebeneingang auf, durchquerte die Grünanlagen, die den Schulhof von der Hauptstraße trennten, und stieg in den Bus. Er warf seine Tasche auf einen Sitz und ließ sich daneben fallen.

Gabriel dachte nichts, und er fühlte nichts. Er war sich nur seiner Schultasche bewusst, legte die Hand darauf und spürte die Rundung des eiförmigen Balls. Vorsichtig öffnete er den Reißverschluss einen Spaltbreit, schob die Hand hinein und legte sie auf das warme, narbige Leder.

In seiner Vorstellung hörte er Beifall aufbrausen und zog den Helm von seinem Kopf, wie man einen Hut zieht – grüßend. Er winkte kurz zu den Tribünen hinauf. Gleich würde ihm jemand auf die Schulterpolster klopfen. „Good job!"

Gabriel schloss die Augen.

Helga Glaesener

Tyrannenmord

Ich mochte ihn nie. Schon vor der Hochzeit habe ich zu meiner Schwester gesagt: „Gib acht, Gesine – wenn er zu dir über Liebe redet, denkt er an den Hof." Aber Karl war ein hübscher Kerl, ein Mann wie aus der Kinowerbung und witzig und immer gut gelaunt. Wer redet einem Mädchen so was aus? Schon gar nicht ein Bruder.

„Wisch den Lippenstift ab. Vater kommt", sagt Gesine jetzt zu Ela. Ela will nicht. Sie ist siebzehn und hat einen Freund im Dorf. Aber sie hat auch Angst vor ihrem Vater. Sie geht. Und jede einzelne Tür bis zum Bad knallt in Schloss.

„Ja schön. Is' ja wunderbar! Man rackert, man reißt sich den Arsch auf. Und dann kommt man nach Haus…" Karl flucht, noch ehe er im Zimmer ist. Er will sein Essen, aber der Salat ist noch nicht fertig. Salat macht man immer in letzter Minute, das weiß sogar ich. Sonst fällt er zusammen. Früher hätte ich ihm das erklärt, aber jetzt trau ich mich nicht. Karl stinkt nach Schnaps und hat Muskeln wie ein Ringer. Und ich sitze im Rollstuhl. „Na, na", sage ich sacht. Das zumindest bin ich Gesine schuldig.

Der Junge kommt und auch er kriegt sein Fett ab. „Aha, der feine Herr Student. Und was weiß er für'n Paragraphen, weshalb er keine Gülle pumpen braucht? Is' sich zu fein dazu, ja? Reicht ja, wenn der Alte sich totrackert. Reicht ja!"

Onno will was sagen. Aber er hat den Mund noch gar nicht auf, da hat ihm sein Vater schon eine gefegt. Ich sag „Na, na", senke die Augen und schäme mich für uns alle. Ich sehe, dass Onno auf seinem Hintern rutscht. Er würde gern rausgehen, wie seine Schwester das tut, aber ihm fehlt der Mut.

„In der Zeitung steht, dass einer in seiner Güllegrube umgekommen ist", sagt Ela eine halbe Stunde später. Der Vater ist fort. Er hat die Kartoffelschüssel vom Tisch gefegt und ist rüber zum Friesenkeller. Wir mögen wieder reden.

„Die Gase", sagt Ela. „Und sein Schwiegervater und seine Frau, die ihn rausziehen wollten, als er bewusstlos wurde, sind auch tot."

„Ist nicht das erste Mal", sagt Gesine. „Bei den Gruben muss man aufpassen. So was passiert immer wieder."

„Aber nicht unserm Vater. Nicht mal, wenn er besoffen ist. Der wird nie so besoffen, dass er was tut, was ihm schaden könnte. Der hat den sechsten Sinn", sagt Onno.

Ich sehe, wie Ela ihre Mutter anschaut. Dann senkt sie ihr hübsches Herzchengesicht wieder über die Zeitung.

Die beiden nächsten Tage vergehen. Es ist abends, ich sitze in meinem Rollstuhl und der Junge am Küchentisch, mit einem Buch über Wirtschaftsgesetze. Gesine und Ela schälen Kartoffeln und brüten vor sich hin, und ich ertappe mich bei dem Wunsch, die vier Wochen Urlaub, die ich auf dem Hof geplant habe, wären schon vorbei. „Kannst du mir meine Pillen geben?", bitte ich Ela.

„Eltax A... Die machen müde, nicht?", sagt sie. Sie hat den Beipackzettel in der Hand.

„Mehr als eine darf ich nicht nehmen, sonst kriegt man mich die nächsten Stunden nicht mehr wach." Ich lächele sie an. Ela ist ein nettes Mädchen und die einzige, die den Mumm hätte fortzugehen, aber sie tut's nicht wegen ihrer Mutter.

„Ich hab gelesen, wie 'ne Frau ihren Mann mit einem Rheumamittel vergiften wollte", sagt sie. „War ein Mistkerl. Aber sie hat's nicht hingekriegt. Die Dosis war nicht tödlich."

„Dies hier wär's auch nicht", sage ich. Mir ist unheimlich. Ich finde, Gesine müsste etwas sagen. Der Junge hat aufgehört zu lesen.

„Warum hat die Frau sich nicht scheiden lassen?", frage ich.

„Vielleicht hatte sie Angst, dass ihr Mann ihr dafür was antut. Manche sind so", sagt Gesine.

„Hier steht, sie hat ihrem Kerl die Tabletten in den Tee getan und kräftig gesüßt, um den Geschmack zu überdecken. Aber deine wären auch mit Zucker zu bitter", sagt Ela. Sie hat an einer meiner Tabletten geleckt. Ich fordere ihr die Dinger ab und stecke sie in die Hosentasche.

„In einem richtig starken Kaffee ginge es vielleicht", meint Onno.

„Vater mag keinen Kaffee", meint Ela.

„Die letzte Kanne hat er in den Ausguss geschmissen, weißt du noch?", sagt Onno und grinst, ohne fröhlich zu sein.

Gesine schält dünne Spiralen aus der Kartoffel und schweigt.

Die nächsten beiden Tage ist Karl verreist. Ela bringt ihren Freund mit und der erzählt vom Heiraten. Aber Ela kann sich nicht freuen. Sie sieht, dass Gesine Tränen in den Augen hat.

„Was ist das denn?", fragt Onno und nimmt eine Schachtel aus dem offenen Fach im Küchenschrank.

„Nichts", sagt Ela. Und als sie sieht, dass er den Verpackungsaufdruck liest: „Ich schlaf manchmal schlecht."

Natürlich horche ich auf. Meine Hände, die verräterischen Dinger, beginnen zu zittern. Ich weiß, dass Ela wie ein Bär schläft. Jetzt, Gesine, denke ich, jetzt musst du was sagen. Nur kann sie das natürlich nicht vor Elas Freund. Sie wird später mit ihr sprechen, denke ich.

Karl kommt zurück, am Abend des zweiten Tages, und er ist wieder mal betrunken. Ich höre den Streit zwischen ihm und Gesine bis in meine Kammer und quetsche die Hände zwischen meine nutzlosen Schenkel, damit sie ruhig bleiben. Er hat die Tabletten gefunden, die Gesine in den Abfalleimer geworfen hat, und regt sich über die Verschwendung auf. Wer ordentlich arbeitet, kann auch schlafen. Überhaupt, seit wann nimmt hier jemand im Haus Tabletten?

Am nächsten Tag ist er immer noch schlecht gelaunt, weil er einen Kater hat. Er geht schon am Nachmittag in die Kneipe. Ela sagt: „Die haben noch gar nicht auf. Der hat sich eine angelacht, wetten? Was willst du mit der Seife, Onno?"

Onno hat ein Doppelpaket Schmierseife aus der Vorratskammer geholt.

„Was willst du mit der Seife?", fragt Gesine, als der Junge nicht antwortet.

„Ich hab zu tun", sagt er.

Ich lass mich von Ela zum Fenster rollen und sehe, wie er in den Schuppen geht. Kurz drauf höre ich ihn sägen.

„Was tut er da?", fragt Gesine. Sie hat sich hinter mich gestellt, aber sie schaut nicht zum Schuppen, sondern zur Güllegrube neben dem Kuhstall. Der Weg zur Grube ist nicht gepflastert. Karl hat Bohlen in die Erde gegraben und am Ende des Wegs, direkt vor der Grube, liegt ein Holzbrett, so groß wie ein Fußabtreter. Es ist in die Erde eingegraben, aber sicher nicht tief.

„Da ist Vater. War wohl nichts mit seiner Süßen", sagt Ela.

Karl geht in den Schuppen und gleich darauf ist wieder das Gebrüll.

„Die Gülle muss dringend abgepumpt werden", sagt Gesine.

„Aber die Pumpe ist kaputt", sagt Ela. Sie steht jetzt an meiner anderen Seite und wir sehen zu, wie Karl ein Brett aus dem Schuppen trägt und über einem Zaunpfosten zerschlägt.

Am nächsten Morgen, als alle zu tun haben und ich mit Gesine allein bin, rede ich offen. „Du musst hier raus, bevor was passiert. Denk an dich, aber vor allem an die Kinder. Du lässt dich scheiden und gehst irgendwo hin, wo er dich nicht findet. Arbeit kriegst du schon."

„In meinem Alter?", fragt sie.

„Denk an die Kinder", sage ich.

Dann lasse ich mich von ihr in die Wohnstube schieben. Dort habe ich Ruh. Ich arbeite die Zeitungen durch, die beiden, die sie abonniert haben, damit ich Gesine überzeugen kann wegen der Arbeit. Frauen, die was vom Haushalt verstehen, werden gesucht wie ehemals das Gold In Kalifornien.

Ela und ihre Mutter pflanzen im Garten Zwiebeln, ich höre sie lachen. Der Junge sitzt auf der alten Hollywoodschaukel und lernt. Er sollte das Ding wenigstens ölen, sonst regt Karl sich wieder auf, denke ich und schäme mich schon wieder, weil ich in meinem Alter noch Angst vor jemandem habe. Aber die Güllepumpe rattert, Karl ist also beschäftigt, und ich versenke mich wieder in die Anzeigen.

Als die Tür aufgeht – eine ganze Zeitlang später – schrecke ich zusammen. Karl. Er kommt herein, und zum ersten Mal, seit ich auf Besuch bin, lächelt er.

„Ich hab mächtig gerackert", sagt er. Das sieht man. Seine Arbeitshose ist fleckig bis zum Gürtel und stinkt nach... nach Gülle eben. Er hätte sie ausziehen sollen. Und vor allem die Stiefel, die dunkelgelbe Flecken auf dem Teppich hinterlassen.

Karl kümmern die Flecken nicht. Er hält ein Tablett in der Hand und der Geruch nach Möbelpolitur und alten Polstern, der diesem Zimmer anhängt wie Körperschweiß, wird plötzlich überdeckt vom Duft frischgebrühten Kaffees.

„Trinken wir eine Tasse, das beruhigt", sagt er.

Mir fällt auf, wie still es plötzlich geworden ist. Kein Lachen mehr im Garten. Und auch die Schaukel steht still. Nur ein Huhn gackert irgendwo.

„So eine Familie kann eine richtige Plage sein", sagt Karl und gießt den Kaffee aus der Kanne in zwei Steingutbecher mit blauen Punkten ein. „Aber den Hof, weißt du, den liebe ich." Er rührt den Zucker um. Erst für sich, dann für mich. Er hat keine Ahnung, dass Kaffee nur aus Tassen schmeckt. Er trinkt ja auch keinen, gewöhnlich.

Ich konnte Karl noch nie leiden.

Und ich mag auch nicht, wie sonderbar er mich anschaut.

Bernd Flessner

Matjestage

Jetzt kam er schon den dritten Abend. Lässig und mit Schwung öffnete er die Tür, platzte regelrecht in den Raum, begrüßte die wenigen Gäste lauthals und setzte sich zu Eddy und Piet an den Stammtisch.

„Ein Pils und einen Genever!", brüllte er in Richtung Tresen, anstatt zu warten, bis der Wirt zu ihm kam, um seine Bestellung aufzunehmen. Ohne eine Antwort oder ein Nicken abzuwarten, begann er umgehend, auf Eddy und Piet einzureden. Wortfetzen ließen vermuten, dass er wieder über die Matjestage herzog. Extra, so klang es, sei er angereist, mit der Bahn, aber was Emden zu bieten habe, sei mehr als dürftig. Außer Heringen werde hier einfach nichts geboten.

Claas Lohmeyer ließ ihn nicht aus den Augen. Er zapfte das Pils, zog die Flasche Genever aus dem Flaschenfach und füllte das Glas bis zum Eichstrich. Keinen tausendstel Milliliter mehr. Nicht für diesen Gast. Nicht für jemanden, der sich so aufführte, so arrogant, so großstädtisch, so besitzergreifend, so frech.

„Und das Ganze noch einmal!", rief der unbekannte Gast, als Lohmeyer ihm das Gedeck servierte. „Am besten, du bringst den beiden trüben Gestalten hier auch gleich einen Genever."

Widerwillig ertrug Lohmeyer das Du, das er sich sonst von jedem seiner Stammgäste gefallen ließ. Von manchem hörte er es sogar sehr gerne. Nicht aber von so einem. Der Wirt schlich sich zurück zum Tresen und machte sich an die Ausführung der Bestellung.

Ein Ostfriese war das nicht. Auch sonst kein Norddeutscher. Lohmeyer tippte auf Rhein oder Ruhr, war sich aber nicht sicher. Wieder drangen Wortfetzen an sein Ohr, wieder ging es um die Matjestage. Jetzt stand der Unbekannte auf und ging zu Tisch drei am Fenster, setzte sich, das Bier in der Hand, und wiederholte dort unaufgefordert seine Kritik. Das sichtlich überraschte Pärchen, das schon seit einer guten Stunde die Welt um sich herum vergessen zu haben schien, wandte sich demonstrativ von dem Störer ab. Der ließ sich nicht irritieren und unternahm einen zweiten Versuch. Auch dieser scheiterte, weil ihm der junge Mann einen energischen Blick zuwarf, der die Möglichkeit zu entschlossenem Handeln andeutete.

In diesem Augenblick betrat der alte Heuer das Lokal. Der fremde Gast sprang sofort auf und stürzte sich auf den Neuankömmling, dem er gleich den rechten Arm auf die Schulter legte. Ein

Schwall von Worten nebelte den Überraschten ein und ließ dessen Blick hilfesuchend durch den Gastraum fahnden.

Lohmeyer brachte auf einem Tablett die georderten Getränke zum Stammtisch, machte den unbekannten Gast durch einen höflichen Zuruf auf die Lage aufmerksam und lotste ihn so von dem alten Mann weg. Schon saß der Nörgler wieder am Stammtisch, hob das Geneverglas, forderte von Eddy und Piet das gleiche und mischte sich nach dem Absetzen des Glases in das Gespräch der beiden.

Seiner Kleidung nach war er Vertreter. Oder Autohändler. Ja, das würde zu ihm passen. Gebrauchtwagenhändler. Er trug keinen Ring am Finger. Ein Single. Bestimmt war er allein nach Emden gekommen. Wegen der Matjestage. Doch anstatt sich auf den Spaß einzulassen, sich dem Hering hinzugeben, nervte und belästigte er Lohmeyers Gäste. Und die waren ihm heilig. Schließlich sorgten sie für seinen Lebensunterhalt. Vor allem die Stammgäste, wie Eddy, Piet und der alte Herr Heuer, die fast täglich kamen und somit Teil seines Lebens waren. Ohne sie würde er in den weitgehend touristenfreien Wintermonaten faktisch keinen Umsatz machen und könnte seine Kneipe am Delft schließen.

Wieder grölte der Fremde durch den Gastraum, bestellte noch eine Runde. Lohmeyer hasste derartige Gäste. Zwar hatte er selten unter ihnen zu leiden, doch ab und zu tauchte so ein Exemplar bei ihm auf, störte die in vielen Jahren gewachsene Atmosphäre, nervte seine anständigen Gäste und brachte so seine Existenz in Gefahr. Insbesondere die Matjestage spülten alljährlich Querulanten dieser Art in sein Lokal.

Da! Jetzt hatte er es geschafft: Eddy und Piet standen auf, warfen ihm einen missmutigen Blick zu, signalisierten, später zahlen zu wollen, und verließen seine Kneipe. Der Querulant blieb sitzen und schickte den beiden Stammgästen einen wütenden Monolog über rohen Fisch hinterher. Offenbar hatten ihm Eddy und Piet klar gemacht, dass es sich bei Matjes um rohen Fisch handelt. Jedenfalls ließ er am Hering keine gute Schuppe und verkündete lautstark, Matjes seien sogar noch ekelhafter als Sushi. Nie wieder würde er zu den Matjestagen nach Emden kommen. Nie wieder!

Nun hatte auch das Pärchen genug, zahlte bei Lohmeyer am Tresen und ging. Fünf Gäste waren ihm noch geblieben, der alte Heuer, Jan und Margret an Tisch zwei und ein älteres Ehepaar an

Tisch fünf. Und der Querulant natürlich, der noch immer auf die Matjes fluchte. Da öffnete sich die Tür für Frau Müller, die gegenüber mit ihrem Wagen stand und Fischbrötchen verkaufte. Sie hatte den Tresen noch nicht erreicht, da war der Fremde auch schon bei ihr, watschelte wie ein Clown um sie herum, bat ebenso clownesk um einen Tanz und packte zu, ohne eine Antwort abzuwarten. Frau Müller warf Lohmeyer einen hilfesuchenden Blick zu, doch der Wirt blieb ruhig hinter seinem Tresen, lächelte, zapfte ein weiteres Pils für den Tänzer, der seine Partnerin zu den Klängen von *La Paloma* durch den Gastraum nötigte. Erst jetzt registrierte Lohmeyer die Melodie, die von draußen in sein Lokal drang. Irgendwo auf dem Rathausplatz verging sich eine Blaskapelle an dem Klassiker. Frau Müller schnappte nach Luft. Ihre gut zwei Zentner Lebendgewicht eigneten sich hervorragend, um in einem Imbisswagen eine gute Figur zu machen, für das Tanzparkett jedoch waren sie nicht geeignet. Ihr ohnehin schon rotes Gesicht wurde zusehends hummerfarben, Schweißperlen sprossen auf ihrer Stirn. Erst als sie ins Schlingern geriet und zu kentern drohte, ließ der dreiste Kavalier von ihr ab. Frau Müller drehte noch eine Solorunde, peilte die Lage, änderte ihren ursprünglichen Kurs um hundertachtzig Grad und verließ das Lokal mit leichter Schlagseite. Der Fremde wankte indes zurück zum Stammtisch und erfrischte sich mit den beiden Genever, die Eddy und Piet verschmäht hatten. Draußen flehte die Blaskapelle: *Junge, komm bald wieder.*

„He, du, bring mir mal flott die Speisekarte. Ich will was Richtiges essen. Keinen Matjesmatsch. Hast du verstanden? Schnitzel wirst du doch wohl haben, oder?", lallte der Fremde und fixierte den Wirt.

Lohmeyer war ein geduldiger und friedliebender Mensch, ein freundlicher und toleranter Gastwirt, doch was zu viel war, war zu viel. Dieser unverschämte Eindringling hatte eine von ihm gezogene Grenze überschritten, hatte sich so aufgeführt, dass er reagieren musste. Dieses Verhalten hatte er drei Abende lang ertragen und geduldet, nun war Schluss. Ihn einfach so an die Luft setzen konnte Lohmeyer allerdings nicht, denn er verabscheute heftige Wortgefechte und unmittelbare körperliche Gewalt. Faustkämpfe zwischen erwachsenen Männern fand er schlicht archaisch und albern. Auch ein Anruf bei der Polizei war nicht seine Sache. Zu diesen Mitteln konnte er also nicht greifen.

Doch Lohmeyer war keineswegs wehrlos, er wusste genau, was in derartigen Fällen zu tun war. Wer ihn in diesem Augenblick betrachtet hätte, hätte bemerkt, wie seine Gesichtszüge in Bewegung gerieten, wie Augenbrauen und Falten ihre Lage änderten, wie sich die Augen schneller in ihren Höhlen bewegten. Lohmeyer machte sich bereit, dem unerwünschten Gast Paroli zu bieten.

Ohne dem Querulanten zu antworten, brachte er ihm die Karte, schlug sie vor seinen Augen auf und nickte freundlich: „Ich empfehle Ihnen die Schweinelendchen mit Kroketten und Broccoli. Noch einen Genever der Herr?"

Wieder hinter seinem Tresen, öffnete Lohmeyer das Flaschenfach, doch entnahm er ihm nicht nur den Genever, sondern auch ein kleines braunes Fläschchen, das so aussah, als sei es für Hustensaft gedacht. Zehn Tropfen dürften für den Anfang reichen. Vorsichtig verschloss der Wirt das Fläschchen wieder und fingerte es zurück in sein kühles Versteck. Anschließend füllte er das Glas mit Genever auf.

„Zum Wohl!", sprach er, als er dem Gast das unscheinbare Mixgetränk servierte. Dann nahm er die Bestellung auf: Jägerschnitzel mit Kroketten, keinen Broccoli, lieber einen Salat, aber ohne Zwiebeln. Jawohl, der Herr, kommt sofort!

Lohmeyer öffnete das Fenster der Durchreiche hinterm Tresen und rief die Bestellung in die längst leere Küche. Sein Koch war bereits vor einer halben Stunde in den Feierabend entschwunden. Warme Küche bis 22 Uhr. Dessen ungeachtet kehrte der Wirt zurück zum Stammtisch, um Messer, Gabel und Serviette ordnungsgemäß zu platzieren. Der Gast hatte den Genever-Spezial noch nicht geleert, aber Lohmeyer hatte Zeit.

Erst mussten sowieso die anderen Gäste das Lokal verlassen haben. Bei Margret, Jan und dem alten Heuer musste er nicht lange warten, die blieben nie länger als 23 Uhr. Als er sie zur Tür begleitete, entschuldigte er sich für das Benehmen des unbekannten Gastes und versicherte, dass dies nicht wieder vorkommen werde, da besagter Gast ihm erzählt habe, er müsse am nächsten Morgen in aller Frühe abreisen. Kurz sah er den drei Stammgästen noch nach, dann hängte er das Schild „Geschlossen" an die Tür.

„Wann kommt endlich mein Jägerschnitzel? Oder müssen Sie die Sau erst noch schlachten?", fuhr der Fremde ihn an, als er wieder zurück im Gastraum war. Das Glas vor ihm war leer. „Einen kleinen Moment noch", versicherte Lohmeyer höflich. „Ich werde gleich einmal nachsehen. Noch einen Genever der Herr?" Wieder beschickte Lohmeyer das Glas erst mit zehn Tropfen aus der kleinen Flasche aus braunem Lichtschutzglas, bevor er es mit Genever füllte.

„Zum Wohl!" Schon etwas ruhiger geworden, blickte ihn der Gast nun nicht mehr ganz so rebellisch an. Statt dessen kämpfte er mit seinen Augenlidern, die begonnen hatten, heftig mit der Schwerkraft zu flirten. „Ihr Schnitzel kommt sofort!"

„Herr Wirt? Zahlen!", rief in diesem Augenblick der ältere Herr an Tisch fünf. Im Nu war Lohmeyer bei ihm und addierte die Zeche auf seinem Block. Zweiunddreißigfünfzig. Seine Frau zahlte. Kein Trinkgeld. Vielen Dank für Ihren Besuch. Kommen Sie gut nach Hause. Zum Glück regnet es nicht. Auf Wiedersehen.

Lohmeyer schloss hinter seinen letzten Gästen die Tür ab. Nun war er allein mit dem Querulanten, der seine Freunde, seine Existenz, sein Leben bedroht hatte. Der Showdown konnte beginnen. Lohmeyer zog das Wort *gelassen* dem längst überstrapazierten Ausdruck *cool* vor. Gelassen kehrte er also zum Stammtisch zurück und nahm Blickkontakt mit seinem Gegner auf. Drei Tage lang hatte dieser frustrierte Autovertreter, oder was immer er war, ihn und seine Gäste terrorisiert, nun hing er, schon weitgehend sediert, zwischen den Armlehnen eines Bistrostuhles. Vor ihm stand der noch unberührte Genever.

„He!", fuhr nun Lohmeyer ihn an. „Sie haben Ihren Genever nicht getrunken! Runter damit, aber sofort!"

Der Gast zuckte zusammen, ertastete das Glas, führte es mit zitternder Hand zum Mund und leerte es mühsam. Noch einmal sahen sich beide Männer in die Augen, dann war der ungleiche Kampf zu Ende. Der Gast sackte wie in Zeitlupe in sich zusammen und kippte vornüber. Mit geöffneten und verdrehten Augen lag sein Kopf auf der Tischplatte, rechts ein Messer, links eine Gabel, kraftlos ließ seine Hand das Glas auf den Boden fallen.

Lohmeyer atmete erleichtert auf. Er schloss für ein paar Sekunden seine Augen. Die aufgestaute Anspannung der letzten Tage wich von ihm. Endlich würde wieder Ruhe in sein Lokal einkehren. Er brauchte nur noch den Störenfried zu entsorgen. Doch das war für Lohmeyer kein Problem, denn so friedfertig er war, so groß gewachsen und kräftig war er. Schnell hatte er sich den Sedierten auf die Schulter geladen und trug ihn gelassen durch den Flur in den rückwärtigen Teil des Gasthauses, stieß vorsichtig die Kellertreppe auf und balancierte seine Last die Stufen herunter. Ebenso vorsichtig legte er den schon fast Leblosen auf einen der Tische. Erst jetzt konnte er Licht machen und seine Last wieder aufnehmen. Lohmeyer ging langsam durch verschiedene Kellerräume, deren Alter er nur ahnen konnte. Die großen Klostersteine aus dunkelrot gebranntem Lehm ließen auf mehrere hundert Jahre schließen. Diese Keller waren alles, was von dem Haus seiner Eltern und Großeltern nach dem verheerenden Bombenangriff vom 6. September 1944 übriggeblieben war. Das Gebäude über ihm mit dem gemütlichen Lokal stammte aus dem Jahr 1955. Aber die Keller, die waren alt.

Endlich erreichte Lohmeyer eine grün lackierte Holztür, die er wie die Kellertür vorsichtig aufstieß. Seine Last musste er diesmal auf dem kalten und stellenweise feuchten Boden ablegen. Er gönnte sich eine kleine Pause, bevor er eines der leeren Matjesfässer in die Mitte des kleinen Kellerraumes stellte und den Deckel entfernte. Es war ein altes Holzfass bester Qualität, aus Eichendauben, noch von einem richtigen Böttcher gemacht, keines dieser modernen Industriefässer aus Weichholz, Aluminium oder Kunststoff. Ein richtiges Fass eben. Ein Fass, das etwas aushielt, dem man etwas anvertrauen konnte.

Mit neuer Kraft nahm Lohmeyer seine Last ein letztes Mal auf und setzte den nun sprachlosen Querulanten, die Füße voran, in das Matjesfass. Mitsamt seinen Kleidern, seinen Schlüsseln, seinem Geld, seinen Papieren, seiner Rückfahrkarte. Es interessierte ihn nicht mehr, wer er war und was er war. Er wollte einfach nichts mehr mit ihm zu tun haben, ihn nie wieder sehen.

Das Einsalzen von frischen Heringen war eine Kunst für sich, eine Kunst, die Claas Lohmeyer seit Kindertagen beherrschte, als er in den Ferien auf dem Kutter seines Onkels sein Taschengeld aufgebessert hatte. Bei menschlichen Körpern musste das bewährte Verfahren natürlich leicht modifiziert werden. Es kam darauf an, den Körper so im Fass zu verstauen, dass man ihn mit einer ausreichend dicken Salzschicht bedecken konnte. Um dies zu erreichen, musste Lohmeyer die Arme vor dem Körper verschränken und den Kopf nach unten drücken. Der Gast blieb dabei stumm wie ein Fisch. Nun griff der Wirt zu einer kleinen Handschaufel und bediente sich aus einem großen Kanister mit feinstem Salinensalz. Nach und nach verschwand der Körper im Weiß des natürlichen Konservierungsmittels, das selbst Fische am Verwesen hinderte. Sorgsam achtete Lohmeyer darauf, dass sich keine Hohlräume bildeten. Immer wieder musste er mit einem Stößel aus Buchenholz das Salz verdichten und in jede Ecke stopfen. Schließlich verschwand auch die letzte Haarsträhne des Unbekannten in dem weißen Mineral. Jetzt kam eine Lage aus gut zehn Zentimetern reinem Salz, das ebenfalls mit dem Holzstößel verdichtet werden musste. Liebvoll strich der Wirt das Salz glatt.

Es war kurz nach Mitternacht, als Lohmeyer mit der Arbeit fertig war und das Fass mit dem massiven Deckel fest verschließen konnte. Ein paar gezielte Schläge mit dem Holzhammer, und das Eichenfass würde seinen Inhalt nie mehr freiwillig preisgeben. Besser konnte der Querulant gar nicht aufgehoben sein. Ein Lächeln huschte über Lohmeyers Gesicht.

Wieder gönnte sich der Wirt eine kleine Pause, bevor er das Fass mit einer Sackkarre durch eine ebenfalls grüne Tür, auf der in weißer Schrift „Privat" geschrieben stand, in einen weiteren kleinen und kalten Nebenraum beförderte. Dort hielt er kurz inne und betrachtete zufrieden sein Werk. Dann stellte er das Fass zu den anderen.

Barbara Wendelken

Indianerliebe

L uise steht hinter dem polierten Glastresen, ganz in fleckenloses Weiß gehüllt, auf dem Kopf ein albernes Spitzenhäubchen. Sie halbiert Rollbraten, klopft Schnitzel, schneidet hauchdünne Scheiben vom Parmaschinken. Wenn Zeit ist, wäscht sie ihre Hände mit reichlich Seife, doch es hilft nichts, der Geruch von altem Blut lässt sich nicht entfernen.

Draußen vor dem Schaufenster flanieren gertenschlanke, wunderbar angezogene Frauen. Ihre Schritte sind kurz bemessen. Jegliche Eile scheint ihnen fremd. Dieses Jahr trägt man enge Kleider in blutrot und messinggelb, dazu hohe Schuhe aus glänzendem Lackleder. Wo die Damen wohl ihre eleganten Sachen kaufen? Für Luises siebenundneunzig Kilo gibt es nirgends das Richtige.

Über der Ladentür hängt eine funkgesteuerte Bahnhofsuhr. Unerträglich langsam schleichen die Zeiger über das Zifferblatt, rauben ihr Minute um Minute ihres Lebens, ihrer Freiheit, nageln sie fest in der Fleischerei Hollmann, wo sie unentwegt freundlich sein muss, die Zähne blecken, lachen, wo es nichts zu lachen gibt. Helma, ihre Kollegin, die elf Jahre jünger und vierzig Kilo leichter ist und sich wer-weiß-was darauf einbildet, redet schon wieder von diesem Kerl, den sie vor drei Tagen in ihrer Stammkneipe aufgelesen hat. Ein Vertreter für Drogerieartikel, Ende der Woche will er wieder anrufen. Wer's glaubt...

„Guck mal! Hat er mir geschenkt." Demonstrativ spreizt Helma ihre Hände mit den kreischend lilarosa lackierten Nägeln. „Find ich echt süß! Hätte er doch gar nicht nötig gehabt!"

Luise lächelt gezwungen. Diese Vertretergeschichten hat sie hinter sich, genau wie ihren eigenen Vertreter. Werner. Sie war dumm genug, ihn zu heiraten. Dass er auf seinen Reisen abends einschlägige Lokale abklapperte, auf der Suche nach vom Leben enttäuschten Frauen, die für ein paar billige Komplimente zu haben waren, das hat sie leider viel zu spät erkannt. Erst als diese Elvira vor der Tür stand. Mit zwei überfüllten Lederkoffern. Mehr als hundert Pfund brachte die bestimmt nicht auf die Waage, neben ihrer zerbrechlichen Winzigkeit mutierte Luise augenblicklich zu einem unförmigen Koloss. Später fiel ihr auf, dass Elviras Dauerwelle viel zu kraus geraten war und dass ihr Kleid mit dem zipfeligen Saum unter dem Mantels hervorschaute. Das hat sie irgendwie getröstet.

Werner reiste in Süßwaren. Willige Damen beschenkte er mit Pralinenmischungen. Für Luise ließ er gewöhnlich die Sorten mit Zartbitter übrig, die kamen wohl nicht so gut an. Im letzten Jahr ihrer Ehe brachte er gar nichts mehr mit, behauptete, dass er Luise nicht unnötig in Versuchung führen wollte. Einmal, kurz vor der Scheidung, schenkte er ihr ein dickes Buch mit dem Titel: Abnehmen ohne zu hungern.

Aber das ist zum Glück vorbei. Werner hat sie abgelegt, genau wie den schrecklichen dunkelroten Wollmantel, der sie so unförmig aussehen ließ. Ganz kurz erlaubt sie sich einen Gedanken an Jerome, der zuhause in ihrer Küche sitzt und wartet. Sofort schlägt ihr Herz einen dreifachen Trommelwirbel. Jerome, ach Jerome...

„Von einer *Frau* hat er nichts gesagt", plappert Helma weiter. Aber man hört schon am Ton, dass sie nicht mal selbst daran glaubt. Von ihrer Frau erzählen solche Typen nie, warum sollten sie sich auch selbst in die mühsam angerührte Suppe spucken? Jerome hat keine Frau. Und er ist auch kein Vertreter, der sich die Abende mit fremden Frauen vertreibt, nachdem er daheim angerufen und sich nach wichtiger Post erkundigt hat.

In Jerome hat sie sich gleich verliebt. Stolz, ja majestätisch saß er auf diesem Pferd, einem braungefleckten Pintohengst, und er versprach ihr wortlos alle Abenteuer dieser Welt. *Der ist für mich!* Sie wusste es einfach. Ganz von selbst wanderten ihre Finger empor, um die Nadeln aus dem viel zu strengen Haarknoten zu ziehen. Schön wollte sie für ihn aussehen, wunderschön und jung. Ihren nichtssagenden Regenmantel streifte sie ab, lieber wollte sie ihr neues Sommerkleid zeigen, das über und über mit roten Rosen bedruckt ist – und was die bedeuten, weiß ein jeder. Eine Weile schien es, als würde er sie gar nicht wahrzunehmen, sie wollte schon gehen, als er ihr plötzlich zuzwinkerte. Da wusste sie, dass es an ihr war zu handeln.

An die folgenden Tage kann Luise sich kaum erinnern. Nur dass sie die Stube aufgeräumt und das Bett frisch bezogen hat, ist haften geblieben. Und dann saßen sie auch schon bei Kerzenlicht auf ihrer Couch. Ihr Anfang verlief etwas kläglich, denn der Triumph, ihn erobert zu haben, war urplötzlich zu einer klammen Befangenheit geronnen, die jedes Wort unmöglich machte. Auf einmal kam das Ganze ihr so lächerlich, ja peinlich vor und sie wünschte, alles rückgängig machen zu können. Es brauchte mehr als eine halbe Flasche Pfirsich-Schaumwein, bis sie ihre Träume wiederfand und den Kopf an seinen Schulter zu legen wagte.

Gar zu gern würde sie jemandem über den neuen Mann an ihrer Seite erzählen, Helma zum Beispiel, die davon überzeugt ist, dass nur Frauen mit Kleidergröße 38 Liebesgeschichten erleben können. Aber das wäre unklug. Eine wie Helma würde nichts kapieren, würde sie für verrückt erklären, würde vielleicht sogar die Polizei anrufen.

Die Wahrheit ist, dass man manchmal über Leichen gehen muss. Früher hätte Luise so etwas natürlich nie gewagt, schüchtern war sie in jungen Jahren, feige, ein Duckmäuser, ein Hasenfuß, gehemmt durch ihre Körperfülle. Aber man wird älter, all die bunten Träume gehen unbemerkt verloren, und wer noch was erleben will, muss sich sputen. Und was heißt schon „über Leichen gehen"? Eine Leiche gibt es nicht, schließlich ist er nicht wirklich tot. Einen Mord*versuch* könnte man ihr höchstens anlasten, oder schwere Körperverletzung. Man sollte sich eben nicht dem Schicksal in den Weg stellen. So gesehen war er selbst Schuld, obwohl das vor Gericht wenig zählen würde. Nach Möglichkeit denkt Luise nicht an diesen Tag zurück. Die Zeitung hat sie damals gleich verbrannt. Allein schon wegen dieser unverschämten Lügen. Fünfzig bis sechzig Jahre alt sollte sie sein, auffallend korpulent und vermutlich geistesgestört. Eine Frechheit, was diese Reporter für Lügen erfinden.

Endlich hat die Uhr ein Einsehen. Punkt sechs. Feierabend. Helma schließt eilig die Ladentür ab. Es zieht sie heim ans Telefon. Du brauchst dich nicht zu beeilen, könnte Luise sagen. Der meldet sich sowieso nicht mehr. Warum auch, er hat ja bekommen, was er wollte. Stattdessen sagt sie nur „Tschüss dann", schafft es sogar, dass die beiden Worte genauso nichtssagend klingen wie an jedem x-beliebigen Tag. Dabei wird sie Helma nie wiedersehen. Morgen früh wird sie sich krank melden, Migräne wird sie vorschützen, das nimmt man einer Frau von siebenundvierzig jederzeit ab.

Übermorgen um neun Uhr fünfundzwanzig startet das Flugzeug. Ihr Ticket liegt auf dem Garderobenschrank im Flur. Einmal Amerika. Touristenklasse einfach. Ohne Zurück. Luise ist noch nie geflogen. Und sie fürchtet sich ein bisschen davor. Aber schlimmer, als einen Mann mit einem selbstgebastelten Totschläger, also einem mit Sand gefüllten Schlauch, niederzuschlagen, wird es schon nicht sein.

Dass es für Jerome selbst eine lange, stille Reise wird, behält sie vorerst für sich, er wird es noch früh genug erfahren. Spätestens morgen, wenn sie den riesigen Lederkoffer vom Speicher holt. Jerome muss leider im Laderaum des Flugzeuges reisen. Es geht nicht anders, denn er besitzt keinerlei Papiere. Und Schwierigkeiten kann Luise nicht brauchen. Ihr schlechtes Gewissen beruhigt sie damit, dass das Schweigen ihm nicht sonderlich schwerfallen wird. Außerdem kann er sich nicht dagegen wehren.

Jerome sitzt vor dem Küchenfenster.

„Hallo Liebster", sie haucht einen Kuss auf seine Wange, die sich unglaublich glatt anfühlt. Indianer, heißt es, haben keinen Bartwuchs und Jerome ist ein Indianer. Ein Apache. Seine Heimat liegt irgendwo in Nordamerika, in Kansas oder Wyoming, wenn sie das auf der Rückseite ihrer alten Karl May Bücher richtig erkennen kann. Genau dorthin wird sie jedenfalls mit ihm reisen. Über den großen Teich. Mitten hinein in die Kinofilme ihrer Kinderzeit.

Als Erstes brauchen sie natürlich eine Bleibe. Am besten eine einsame Hütte, fernab der Zivilisation, damit niemand ihr Glück stören kann. Große Illusionen hat Luise nicht. Sie weiß, dass ihr Leben hart und entbehrungsreich sein wird, einsam vermutlich auch. Vor allem in den langen, kalten Wintern. Eine Uhr allerdings wird nie wieder über ihre Stunden bestimmen. Dass sie zu alt ist für Kinder, spielt keine Rolle. Auch nicht, dass sie mehr als neunzig Kilo wiegt und ihre Kleider in Übergrößen kaufen muss. Nicht einmal die Tatsache, dass ihr Haar blond ist, ist von Bedeutung. Notfalls könnte sie es ja schwarz färben, aber wozu? Jerome würde nie ein Wort sagen.

Ach Jerome. Jerome. Von jeher hatte Luise eine Schwäche für große, schwarzhaarige Männer. Werner, dieser Verwalter von Kundenkarteien und Weinbrandbohnen, der sie nie ausreden ließ, war klein und rotblond. Das hätte ihr eine Warnung sein sollen.

Allzu groß gewachsen ist Jerome natürlich auch nicht. Zum Glück. Denn sonst hätte sie die gemeinsame Flucht nur schwerlich bewerkstelligen können. Ansonsten aber entspricht er genau ihrem Traummann. Sanfte Augen, ein melancholischer Mund, entschlossene Hände, braun wie Kaffee mit etwas zu wenig Milch darin. Sein Haar, das ihm glatt bis auf die Schultern fällt, schimmert im Schein der Lampe bläulich schwarz. Manchmal bindet sie es mit einem Gummiband im Nacken zusammen, aber dann schaut er ein wenig unglücklich drein. So wie jetzt. Gewiss denkt er wieder an das Pferd, das sie zurücklassen mussten. „Ach Liebster, ich verstehe dich ja", sagt sie leise. „Aber du musst mich auch verstehen. Ich *konnte* dein Pferd nicht mitnehmen. Immerhin befinden wir uns hier im dritten Stock. Denk lieber an Amerika, an das, was vor uns liegt…" Jerome schweigt. Jerome beharrt niemals auf seiner eigenen Meinung. Jerome ist der wunderbarste aller Männer.

„Was machen Sie denn da? Das Berühren der Ausstellungsfiguren ist verboten! Können Sie nicht lesen?" Der Aufsichtsbeamte im Bremer Übersee-Museum brüllte genauso wie Werner in seinen besten Zeiten. Luise drehte sich wortlos um und schlug zweimal mit dem sandgefüllten Schlauch zu. Und dann zog sie Jerome vom Pferd herunter. Er war übrigens um einiges schwerer, als sie sich das vorgestellt hatte. Doch für eine kräftige Fleischereifachverkäuferin dürfen es ruhig mal ein paar Kilo mehr sein.

Peter Gerdes

Der Machomörder von M

Machos? Hier in Emden? Wo denken Sie hin. So was werden Sie bei uns nicht finden. Jetzt nicht mehr. Tja. Sie können es ja nicht wissen, deshalb möchte ich Ihnen einen guten Rat geben: Verkneifen Sie sich diese Frage. Jedenfalls, solange Sie hier in Emden sind. Oder in M, wie wir sagen. Die einzige Stadt Deutschlands mit nur einem Buchstaben, hahaha.

Warum? Das will ich Ihnen ja gerade erzählen. Vielleicht haben Sie sogar schon davon gelesen. Vor einem Jahr, als alles anfing, hat die Presse ja noch drüber berichtet. Nein? Na ja, zuerst war es ja auch nur ein Mord unter vielen.

Fokko Dirks hieß der Mann. Das Opfer. Tja, so heißt man hier. Ein Kerl wie ein Kugelblitz, rotbärtig und rund, immer gut gelaunt – zwei Zentner ausgelassener Speck, wenn Sie verstehen, was ich meine. Immer im Mittelpunkt, immer das große Wort. Wusste alles und alles besser.

War Eigner eines alten Zweimasters. Das Schiff lag hier im Ratsdelft, mitten in der Stadt, ja, gleich da vorn, wo Sie vorhin Ihr Speedboat festgemacht haben. Doppelschrauben, zweimal 120 PS, stimmt's? Ach, zweimal 140 sogar. Tja, das konnte man sehen.

Unser Fokko lag mit seinem Schiff hier im Delft und spielte den großen Seemann, am liebsten für die Touristen. Dabei war er in Wirklichkeit Teppichhändler.

Und eines Morgens hing er dann plötzlich da, regelrecht aufgeknüpft an seinem eigenen Schiff. Aber nicht etwa am Großmast, sondern vorne am Bugspriet, bis zu den Knien im Wasser. Habe ihn selbst gefunden. Sein Hemd war vorne offen, die Wampe hing raus, und darauf war ein großes M gemalt. Mit roter Unterbodenfarbe.

Tja, so kann's kommen.

Gab natürlich eine Riesenaufregung und für uns reichlich Stress. Keine Spur, kein Verdächtiger, kein Motiv, dafür jede Menge Erwartungsdruck. Unser Kriminaldirektor war so einer wie im Fernsehen, Sie wissen schon: „Ich verlange Resultate, und zwar innerhalb von 24 Stunden..." – die Sorte eben. Eine echte Nervensäge.

Ach, hatte ich das noch gar nicht erwähnt? Mein Name ist Stahnke. Einfach Stahnke. Kriminalhauptkommissar, Mordkommission. Da kommt ja unser Bier. Tja, dann prost.

Der Chef konnte natürlich verlangen, soviel er wollte – wenn man nicht weiß, wonach man sucht, dann findet man gewöhnlich auch nichts. Auch nicht in 72 Stunden. Und dann gab's ja auch schon den zweiten Mord.

Heiner Kopanka, Sportstudent. Kräftiger Bursche, kein Mucki-Bubi, mehr wie ein Turner, nur größer. Jollensegler, war mal Vierter bei der Kieler Woche gewesen. Jetzt war er Nummer zwei unserer Killer-Woche.

Ich war einer der ersten am Tatort. Da waren auch Fotos von ihm: Immer freches Grinsen, immer vorgeschobenes Becken. Kleiner Kopf, kurze blonde Haare. Trug manchmal eine winzige Elbseglermütze und riesige Holzschuhe. In Kiel, wo er auch studiert hatte, soll so was ganz gut angekommen sein, hieß es. Angeblich nannte man ihn da den „One-Night-Ständer". In Emden hatte er wohl weniger Fans. Jedenfalls hat man ihm mit einem seiner eigenen Holzschuhe den kleinen blonden Schädel eingeschlagen. Und natürlich ein rotes M auf den Waschbrettbauch gemalt.

Tja. Diesmal mit Filzstift.

Danach war natürlich richtig Hölle, weil jetzt klar war, dass wir es mit einem Serien-Killer zu tun hatten. Mein Chef lag mir natürlich Tag und Nacht in den Ohren. Aber nur 48 Stunden lang. Dann war auch er tot. Erstochen, mit einem Grillspieß, auf seinem eigenen Hausboot. Seine Gäste fanden ihn dort vor, halbnackt am Boden, mit dem großen roten M auf dem Bauch. Chilisauce.

Ich kam erst etwas später dazu. War nicht eingeladen. Tja.

Natürlich haben wir nach Gemeinsamkeiten gesucht. Auf den ersten Blick schienen Fokko Dirks, Heiner Kopanka und mein Chef rein gar keine Ähnlichkeiten aufzuweisen. Ein segelnder Teppichhändler, ein Jollen-Gockel und ein Polizei-Karrierist. Drei Paar Schuhe sozusagen. Eins davon aus Holz.

Aber dann bin ich mal etwas tiefer in die Materie eingestiegen. Zugegeben, mein Assistent Kramer und ein Kasten Jever Pils haben mir dabei geholfen. Tja.

Bei meinem Chef hab ich angefangen, weil ich den am besten kannte. Ferdinand Sartorius, 49 Jahre, Nackenschwänzchenträger, verheiratet mit einer Feinkost-Kette. Vorsitzender vom Segelclub. Jäger. SPD-Mitglied, was man nur begreift, wenn man weiß, dass die SPD in Emden etwa den Status hat wie die CSU in Bayern. Wer hier was werden will, ist drin.

Ferdinand Sartorius, ein Arschloch im Aufwind, wenn Sie mir dieses Bild mal gestatten wollen. Und tatsächlich war Arschloch der Schlüssel. Nicht Schlüsselloch, jetzt werden Sie mir aber etwas gewöhnlich. Sartorius war mir unsympathisch, herzlich zuwider sozusagen. Tja, und das waren die beiden anderen auch. Wenn es eine Gemeinsamkeit gab, dann die. Warum ich meinem Chef nicht mochte? Passen Sie auf. Es gibt drei Grundtypen von Menschen: Kopfmenschen, Bauchmenschen und Ellbogenmenschen. Diese Unterscheidung ist viel wichtiger als die nach Rassen und Nationen und der ganze Quark. Mit Kopf- und Bauchmenschen kann man auskommen. Sartorius aber war ein Ellbogenmensch.

Beispiele? Tja.

Irgendwann hat er mal gesagt, er möge keine Hamburger, und einer aus seiner Schleimbrigade hat getönt, das sei ja allein schon aus Umweltschutzgründen eine vorbildliche Haltung. Da war was los! Sartorius hat diesen Anfangsverdacht von Gutmenschentum mit einer Vehemenz zurückgewiesen, als wäre seine Männlichkeit in Gefahr. War sie wahrscheinlich auch.

Ich habe schon gedacht, jetzt kippt er gleich einen Liter Altöl in den nächsten Gully, damit ihm ja keiner Political Correctness unterstellt. Unglaublich, was für Schimpfwörter solche Ellbogenmenschen haben, nicht? Bedenkenträger ist auch so eins. Damit entschuldigen sie ihre eigene Bedenkenlosigkeit. Was gibt's noch? Warmduscher, Vorwärtseinparker, Hintenansteller – jeden Tag werden es mehr, ein richtiger Sport.

Angefangen hat's wohl mit Weltverbesserer. Ein echter Klassiker. Dient zur Begründung der eigenen Bequemlichkeit.

Noch so ein Schlüsselwort: Bequemlichkeit. Diese Leute wollen sich anderen überlegen fühlen, aber sie wollen möglichst nichts dafür tun. Nichts leisten, nur sein.

Früher machten solche Typen auf feudal, dann auf national, heute reicht Genital. Das sind keine Männer, das sind Männchen. Alles Denken und Trachten reduziert auf Machterwerb und Geschlechtsakt. Unheimlich hart sind sie, diese Machos, aber nur nach außen. In Wahrheit sind das die Weicheier. Hartschalige Weicheier.

Ob ich Komplexe habe? Hab ich mich auch oft gefragt. Irgendwie schon. Tja, ich leide unter diesen Typen. Weil ich sie durchschauen kann, aber nicht aufhalten. Weil ich weiß, wie ihr Erfolg funktioniert, es aber selbst nicht tun könnte, ohne zu kotzen. So ziehen sie rechts und links an mir vorbei und grinsen. Das macht hilflos, und Hilflosigkeit macht aggressiv. Tja.

Möchten Sie auch noch ein Bier?

Ich bin dann zu Fritz Manninga gegangen, Sartorius' Nachfolger, und habe ihm meine Theorie erläutert. Hat eine Weile gedauert, aber Manninga ist 61 und nicht dumm, irgendwann hatte ich ihn überzeugt.

Manninga ist daraufhin zum Oberbürgermeister, der hat den Stadtrat zusammengetrommelt und einen Runden Tisch ins Leben gerufen mit Vertretern der Presse, der Kirchen, Schulen, Gewerkschaften und so weiter, mit allem Klimbim, wie man das eben so macht. Tja, und so wurde das Problem dann tatsächlich gelöst.

Den Mörder? Nein, den haben wir nicht gefasst. Das Macho-Problem haben wir gelöst!

Sind Ihnen denn nicht die Schilder aufgefallen? Rotes M auf weißem Bauch, äh Grund – schwarz durchgestrichen. Machos verboten. Die Dinger stehen doch an allen Ortseingängen. Emden ist machofreie Zone.

Und seitdem ist Ruhe. Keine Macho-Morde mehr. Tja. Ganz einfach, wenn man's recht bedenkt, oder?

Anzunehmen, dass er noch frei herumläuft. Oder sie. Diese Möglichkeit sollte man ja nicht außer Acht lassen. Hat aber doch auch eine gewisse pädagogische Wirkung. Das Klima in der Stadt hat sich in den letzten Monaten deutlich verändert. Zum Positiven. Die Kerle sind kleinlauter geworden. Vielleicht auch weniger. Haben eben Angst vor dem großen M. Aber letztlich ist es ja egal, warum sie die Klappe halten. Hauptsache, sie tun es.

Tja, es wird kühl. Sehr vernünftig, dass Sie Ihr Hemd weiter zuknöpfen. Schwarze Seide, nicht? Für mich wäre das nichts, da sieht man sofort die Schuppen. Und Ihr Powerboat, das lassen Sie doch auch besser liegen. Nach fünf Bier. Ich bin zwar nicht im Dienst… genau.

Gehen wir noch ein paar Schritte zusammen, ich bringe Sie bis zu Ihrem Hotel. Wir haben denselben Weg. Doch, bestimmt. Rund um den Falderndelft und dann gleich am Wasser. Sagten Sie das nicht selbst vorhin? Ach, Sie werden es wohl vergessen haben.

Ja, Herr Ober, ich möchte zahlen. Zusammen. Nein, keine Widerrede, Sie sind mein Gast. Na eben.

Danke, Herr Ober. Sie haben doch nichts dagegen, wenn ich mir noch ein paar von den kleinen Ketchup-Tütchen einstecke? Genau. Kann man immer brauchen. Sie sagen es.

Karen Riefflin

Muttertag

Also… ich weiß nicht… aber wenn ich mit meinem Auto einparke, also das macht nicht solche Geräusche…", sagte Mutter milde.

„Haha…" Marlene kicherte entschuldigend. „Hoppla… das war wohl der Kantstein…"

„Oohh…" Mutter zog die Augenbrauen ein Stück weiter hoch. Marlene hatte Mutter zu diesem Tag eingeladen: Ein Spaziergang an der Alster, Kaffee und etwas zu essen im Abaton und zum Abschluss ein Hollywood-Schinken im Programm-Kino. Sie hatte den Vorschlag gemacht, ohne über die möglichen Konsequenzen nachzudenken, und jetzt musste sie mit eben diesen leben. Ab und zu packte sie das Verlangen, Zeit mit ihrer Familie zu verbringen, die sich mittlerweile auf Mutter und eine schwerhörige Großtante in Berlin reduzierte. Es passierte meistens dann, wenn die Zeit einen gnädigen Schleier des Vergessens über das letzte Zusammentreffen mit einer ihrer Lieben gelegt hatte. Und es verflog innerhalb weniger Sekunden nach der Begrüßung. In disem Fall hatte die Zeit ihren Dienst bislang verweigert, aber es war Muttertag.

Wieder knirschten ihre Felgen am Bürgersteig entlang. Marlene zog den Kopf ein.

„Wie lange hast du den Führerschein doch gleich…?"

„…"

„In Amerika muss jeder Autofahrer alle zwei Jahre eine Nachprüfung machen, wusstest du das?"

Manchmal hatte Mutters Stimme erstaunliche Ähnlichkeit mit einer Kreissäge. Das war ihr früher nie aufgefallen. Marlene merkte, dass sie begann, an ihrer Unterlippe zu nagen. Ihr Auto glücklich in eine Parklücke zu bugsieren, war schon unter normalen Umständen eine wacklige Angelegenheit. Mutter und Normalität waren zwei Zustände, die sich gegenseitig ausschlossen. In Mutters Nähe verwandelte sie sich innerhalb kurzer Zeit in ein flattriges Nervenbündel. Marlene war machtlos dagegen. Sicher geschah es nicht mit böser Absicht, Mutter hatte eben diese Wirkung auf einige Menschen. Sie war eine starke Persönlichkeit. Sie machte ihre kleinen Bemerkungen, und Marlene fiel auseinander. Es begann damit, dass sie mit den Zähnen ihre Unterlippe zerrupfte. Nach einer Weile krauste sie, ohne es recht zu merken, die Nase – sie sah dann aus wie ein nervös schnupperndes Kaninchen. Und Familientreffen, die länger dauerten als drei Stunden, verließ Marlene mit Kopfschmerzen, bei denen nur absolute Ruhe und ein verdunkelter Raum Abhilfe leisten konnten.

Gelassen saß Vera Veents auf dem Beifahrersitz und beobachtete Marlene, so als sei ihre Tochter ein Insekt, das unter dem Mikroskop zappelte.

Immerhin hatte Mutter nicht darauf bestanden, selbst zu fahren. Es gab einen Platz im Auto, auf dem sie noch verheerendere Wirkungen verursachte als auf dem Beifahrersitz: hinter dem Steuer. Mutter war zweiundsiebzig Jahre alt und weigerte sich, auf Führerschein und Wagen zu verzichten. Abhängigkeit, und sei es auch nur die vom Fahrplan der öffentlichen Verkehrsmittel, war Mutter verhasst. Eine Gänsehaut schlich sich an Marlene hoch beim Gedanken an Mutter auf der falschen Seite im Auto. Feuchte Handflächen, zitternde Knie, ihre ständigen Begleiter, wenn sie keine Ausrede gefunden hatte und auf Mutters Beifahrersitz gelandet war. Aber immerhin war sie dort relativ sicher; so lange sie neben Mutter saß, musste sie nicht mit anderen Fußgängern in panischer Flucht über irgendeine Hecke springen.

Erleichtert stellte Marlene den Motor ab.

„Siehst du, hat doch ganz gut geklappt… Wir sind drin."

„Ja… sehr schön… Es ist nur… der Wagen steht ein wenig schief, findest du nicht, meine Liebe?"

„Ja, naja… ein bisschen… Aber ich glaube, ich bin hier niemandem im Weg."

„Sicher… ganz wie du meinst. Es ist dein Auto."

Vera Veents stieg aus und sah sich um, während Marlene den Motor wieder anließ und weitere fünf Minuten erfolglos mit ihrem Lenkrad kämpfte.

„Sieh mal, das ist die Universität. Da arbeite ich."

„Wie nett…"

„Wenn du magst, können wir nachher noch zum Hauptgebäude rübergehen. Dann kann ich dir alles genau zeigen…"

„Nichts lieber als das…aber… es war doch recht anstrengend heute, dieser lange Marsch an der Alster, und weißt du… meine Füße tun weh. Das heißt natürlich nicht, dass es mich nicht interessiert. Das tut es. Wirklich."

Der Marsch an der Alster hatte exakt zwölf Minuten gedauert. Dann hatte Mutter Hunger und Durst verspürt, und das in einem solchen Maß, dass an ein Weitergehen nicht zu denken war.

Marlene würgte ihre Enttäuschung runter. Sie hatte den Tag durchgeplant, aber bisher war nichts richtig gut gelaufen. Das Abaton hatte der Höhepunkt sein sollen. Sicher würde jetzt alles besser werden.

Sie überquerten den Parkplatz. Es war eine Weile her, seit Marlene zuletzt im Abaton gewesen war. Sie erinnerte sich gerne an das Studentenbistro, denn hier hatte sie Edmund kennen gelernt. Das war gut zehn Jahre her. Edmund war ihre einzige Liebe gewesen, und er war aufgetaucht, als sie mit diesem Kapitel ihres Lebens bereits abgeschlossen hatte. Sie war keine besonders schöne Frau.

„Weißt du, Kind… ich will dir ja nicht zu nahe treten", sagte Mutter manchmal. „Aber du bist so schrecklich blass… Meinst du nicht, ein bisschen Make-Up würde dich etwas weniger grau aussehen lassen? Andererseits… es passt recht gut zu deinen mausigen Kleidern, nicht wahr…"

Oder sie fragte: „Bist du wirklich sicher, dass du das Stück Kuchen da essen willst? Ich will dich natürlich nicht kritisieren, aber… ich glaube fast, du bist schon wieder dicker geworden… Männer haben ja gern was zum Anfassen… aber ich denke doch, es muss an den richtigen Stellen sitzen, Liebes. Zumindest war das zu meiner Zeit so… Naja, heute ist das vielleicht alles ganz anders?"

Und dann sah sie ihre Tochter wieder mit diesem unschuldigen Blick an und verspeiste das schamvoll verschmähte Stück Kuchen selbst.

Aber dann war da Edmund.

„Entschuldigen Sie bitte, ist das Ihr Regenschirm?"

„Oh… ja… danke…", hatte sie gestottert.

„Das ist ein hübscher Schirm. Es wäre schade, wenn Sie ihn vergessen würden", hatte er gesagt, und Marlene hatte zur Antwort den Fußboden angelächelt.

„Wollen Sie schon gehen? Der Regen ist im Moment besonders schlimm, glaube ich…"

Ein Blick in zwei freundlich lächelnde Augen hatte Marlene davon überzeugt, dass die Zeit reif war, ein Mal kühn zu sein.

Sie hatte ihn angesehen, ganz direkt, und dann zögernd gelächelt.

„Vielleicht würden Sie mir bei einem Glas Rotwein Gesellschaft leisten?"

Marlene hatte sich tatsächlich zu ihm gesetzt und „Gerne" gesagt.

Unfassbar, dass sie das getan hatte. Der Grund für ihr ungewöhnliches Verhalten waren die an diesem Abend bereits geleerten Gläser Wein. Professor Helms und Professor Loewen hatten die Schreibkräfte des Instituts zur Weihnachtsfeier ins Abaton eingeladen. Der regnerische Dezemberabend war mit Punsch eingeläutet worden. Es war Marlenes erster Besuch im Abaton, und gleich nach dem dritten Glas war ihr aufgefallen, dass diese Kneipe von einem ganz frappierenden Charme war. Der Fußboden war in einem schwarz-weißen Schachbrettmuster gefliest. Die Bar und die Trennwände, hinter denen sich lauschige Sitzecken verbargen, waren rot lackiert. Es gab ein Podest mit einem Messinggeländer und einer langen Bank aus rotem Samt an der Wand. Davor standen runde Marmortische mit gusseisernen Füßen und Holzstühle. An den Wänden hingen Fotos von Filmstars, Vivien Leigh, Clark Gable und Rita Hayworth, neben Filmpostern von „Casablanca" und „Niagara". Die Bilder hatten sie an das Wohnzimmer ihrer Mutter erinnert. Aber es war mehr als das: Die jungen Leute mit den schlabbrigen Pullovern, das Stimmengewirr, alles wirkte so leicht, fast schwerelos.

Das Abaton war bekannt für leckere Kleinigkeiten, und die Gastgeber hatten ein üppiges Buffet vorbereiten lassen. Marlene hatte zu viel gegessen, und sie hatte zu viel getrunken. Sonst wäre sie kaum zur Tür gestolpert, ohne an ihren Schirm zu denken.

Ihre weinselige Schusseligkeit hatte ihr Edmund beschert. Er war kein Mann, bei dem Frauenköpfe herumflogen. Aber er hatte ihr das Gefühl gegeben, dass sie für ihn kein besserer und interessanterer Mensch sein musste, als sie tatsächlich war. Sie hatten gesessen und geredet, noch lange nachdem die Weihnachtsfeier ihr natürliches Ende gefunden hatte. Es war nur der erste von vielen Abenden. Nach wenigen Monaten des intensiven Austausches waren die beiden ein Paar. Marlene hatte sich noch nie so gefühlt, so als könnte sie alles schaffen. Ihre zernagten Lippen waren abgeheilt und die Kaninchen-Nase, über die die Kollegen sich manchmal hinter ihrem Rücken lustig machten, war seltener in schnuppernde Aktion getreten.

Das Abaton war Edmunds und Marlenes Stammlokal geworden. Wenn es etwas zu feiern gab, das Einmonatige, das Zweimonatige, das Dreimonatige, gingen sie ins Abaton. Es war „ihr" Lokal.

Und dann, so plötzlich wie er aufgetaucht war, verschwand Edmund wieder. Wenige Wochen zuvor hatten sie das erste Mal über Hochzeit gesprochen. Er hatte sie nicht wirklich gefragt, nicht direkt, aber es war Marlene vorgekommen, als sei das nur eine Frage der Zeit. Strahlend war sie zu Mutter gefahren.

„Hat er dich tatsächlich gefragt…?"

War das etwa ungläubiges Staunen? Nein… sicher nicht. Mutter konnte nicht bezweifeln, dass ein Mann sie liebte. Bestimmt ein Irrtum. Sie war zu empfindlich, das sollte sie sich endlich abgewöhnen.

„Nein, nicht richtig. Aber das wird er."

„Ja sicher, mein Kind", hatte Mutter beschwichtigend gesagt. „Es ist nur …wenn er dich fragen wollte, warum hat er es dann nicht gleich getan, Liebes…"

„Mutter, ich weiß, dass er es tun wird. Du musst dir keine Sorgen um mich machen. Er wird mich fragen."

Marlene hatte das sehr bestimmt gesagt. Sie hatte nicht an ihrer Unterlippe gekaut. Sie hatte nicht mit der Nase gezuckt. Und vor allem – Mutter hatte nichts mehr gesagt.

Und dann war Edmund verschwunden. Er hatte seine Familie in Hessen besuchen wollen, für ein verlängertes Wochenende, und sich melden, wenn er wieder in der Stadt wäre. Der Mittwoch war gekommen, aber Edmund nicht, also hatte Marlene zum Telefon gegriffen. Sein Anrufbeantworter hatte sie aufgefordert, eine Nachricht zu hinterlassen, aber niemand hatte zurückgerufen. In seiner Firma hatten sie ihr gesagt, dass Edmund drei Wochen Urlaub hätte. Erst hatte Marlene nicht verstehen können, wieso sie nichts davon wusste. Eine Woche später war eine Postkarte aus Südfrankreich gekommen: Er liebe sie nicht mehr, hatte er geschrieben. Und sie möge davon absehen, ihn nach seiner Rückkehr zu belästigen. Wie konnte er so etwas tun?

Sie hatte nie mit ihrer Mutter darüber gesprochen. Sie hatte mit niemandem darüber gesprochen. Und das Abaton mied sie seither. Nur Mutter zuliebe war sie heute hier. Wenn es ein Café gab, das Mutter gefallen würde, dann dieses.

„Du wirst sehen, es ist wirklich schön", sagte Marlene eifrig, als sie die Treppe zum Bistro hochgingen.

Hoffentlich gefiel es Mutter. Marlene lächelte sie an. Mutter sah aus, als wäre sie gerade einem Film der Dreißiger entstiegen: Kirschroter Lippenstift, auch wenn er in die kleinen Fältchen rund um den Mund verlief, ein eleganter Turban auf den blond gefärbten Haaren, aufrechter Gang, eine dunkle Sonnenbrille und ihr Pelz. Selbst im Sommer verzichtete sie selten auf das weiche Fell, das sie viel weniger mager aussehen ließ. Der Verstoß gegen den Ethik-Knigge schien sie nicht zu kümmern. Mutter hatte sich die Ausstrahlung einer Diva bewahrt, die sie in jungen Jahren für die Zeit ihres Erfolgs einstudiert hatte. Unglücklicherweise war der Erfolg nicht eingetreten.

„Es ist ein bisschen wie ein französisches Café, sehr nett… wirklich."

Als sie das Ende der Treppe erreichte, musste Marlene sich am Messinggeländer festhalten, um nicht lang hinzuschlagen. Irgendwann in den acht Jahren seit ihrem letzten Besuch war das Abaton renoviert worden. Die französische Kaffeehausatmosphäre war weg, genau so wie die Fotos fast vergessener Stars und die Filmposter.

Mit fahrigen Bewegungen strich sie sich durchs Haar. Sie spürte, dass die Kaninchen-Nase zu schnuppern begann, aber verhindern konnte sie es nicht. Vielleicht würde Mutter nichts Ungewöhnliches auffallen; ihre Augen waren nicht mehr besonders gut.

Sie setzten sich an einen der quadratischen Tische gegenüber der breiten Front hoher Fenster, die den Raum weit und hell machten. Mutter setzte sich auf die Lederbank an der Wand, von wo aus sie den Raum überblicken konnte, Marlene plumpste auf den Holzstuhl ihr gegenüber.

Von der lockeren Atmosphäre eines Studentenbistros war nichts geblieben. Die Wände waren satt cremefarben, die Einrichtung von schlichter, aber teurer Eleganz. Schwarze Lederbänke an den Wänden, Spiegel, dunkles Parkett, neue Tische und Stühle aus edlem Holz, Lampen und ein Paravent, die die Bezeichnung „Designer" leise in den Raum schrien. Jemand hatte sich Mühe gegeben, dem Abaton ein neues Image zu verpassen und ein anderes Publikum anzuziehen. Ein gelungener Versuch. Die Leute waren deutlich älter als zu Edmunds Zeiten; wie ein Student sah keiner aus.

„Hast du nicht gesagt, das hier wäre so was wie ein französisches Cinéasten-Café? ...Ich weiß ja nicht, wann du das letzte Mal in Frankreich gewesen bist, aber ich hatte mir ein bisschen was anderes vorgestellt, meine Liebe... Bist du sicher, dass wir hier im richtigen Lokal sind...?"

„Ja, sicher... Naja... Ich schätze, sie haben... umdekoriert."

Mutter sah sie geduldig an, dann lächelte sie.

„Aber, Kind... du hast dich doch sicher vorher mal erkundigt, oder...?"

Marlene rutschte auf ihrem Stuhl hin und her, und ihre Nase zuckte noch schneller. Vera Veents starrte ihre Tochter an. Zu ihrem Entsetzen bemerkte Marlene, dass Mutter ihre schnuppernde Nase betrachtete. Hatte sie das schon öfter getan? Das Schnuppern wurde stärker.

„Nein, das hab ich nicht... Ist schon ein bisschen her, dass ich das letzte Mal hier war... Ich geh ja nicht so oft weg..."

„Ist es nicht schade, dass du so gar keine Freunde hast?... Ich meine, so traurig es ist, dass du keinen Mann hast finden können, es wäre alles halb so schlimm, wenn du wenigstens ein paar nette Freunde hättest..."

„..."

„Es müssten ja nicht mal Männer sein... Freundinnen wären für den Anfang ja auch recht nett..."

Marlene war nicht weit davon entfernt, die Kontrolle über ihre Gesichtszüge gänzlich zu verlieren. Die Ankunft der Kellnerin verschaffte ihr eine Verschnaufpause. Sie bestellten Kuchen und Milchkaffee.

Die Kellnerin ging wieder, und Mutter blickte sie immer noch geduldig lächelnd an. Marlene seufzte.

„Immerhin hatte ich zwei Jahre lang einen sehr netten Freund", sagte sie, wenn auch etwas lahm.

„Ja sicher... zwei Jahre... Edmund war ein so netter junger Mann... So einer wie er hat natürlich viele Chancen..."

„..."

„Da ist es ganz natürlich, dass er sich gründlich umsieht..."

Marlene griff sich an die Stirn.

„Beruflicher Erfolg soll ja ein guter Ausgleich für ein unerfülltes Privatleben sein, heißt es..." Mutter schob sich ein großes Stück Kuchen in den Mund.

„Sekretärin ist natürlich auch ganz nett... Es ist nur... Nach all den Jahren... Bist du eigentlich je befördert worden...?"

Marlene war seit zwanzig Jahren Sekretärin an der Universität Hamburg, eine sichere Stellung mit gutem Gehalt. Sie war zufrieden, aber zugegebenermaßen war es nicht sehr spektakulär.

„Nun ja, man kann eben nicht alles haben, nicht wahr..."

Mutter hatte sie nach Marlene Dietrich benannt. Aber mit der großen Diva bestand selbst bei bestem Willen und einem altersfleckigen Spiegel keine Ähnlichkeit.

Ob Mutter gehofft hatte, sie würde in ihre Fußstapfen treten? Warum sonst hätte sie Marlene zum Schauspielunterricht schleppen sollen? Es ist eben nicht jeder für das Theater geschaffen. Marlene erinnerte sich daran, wie sie stocksteif dagestanden und heruntergeleiert hatte, was im Textheft stand. Danach hatte Mutter sie zum Ballettunterricht geschickt. Die Lehrerin hatte sich Marlenes ungeschickte Hopser kurz angesehen und dann befunden, dass es ihr an der nötigen Grazie fehle. Der Klavierunterricht hatte sogar noch schneller unter Beweis gestellt, dass Marlene auch das musikalische Talent ihrer Mutter nicht geerbt hatte. Schließlich hatte Mutter aufgegeben. Marlene war nicht für Großes geschaffen, und ihr machte das nichts aus. Aber wie dachte Mutter darüber? Es war ein Thema, über das sie nicht sprachen.

Mutter trank ihre Schale leer und vertilgte die letzten Kuchenkrümel.

„Ich danke dir für diesen ganz besonderen Muttertag...", sagte sie. „Es war wirklich... interessant, Liebes... Ich fürchte nur, ich bin jetzt etwas müde... Können wir dann gehen?"

Marlene öffnete und schloss den Mund einige Male, ohne einen Ton von sich zu geben.

„Aber, was ist denn mit dem Kinofilm?"

„Ach... ich fürchte, ich hab Kopfschmerzen... Vielleicht ein anderes Mal, ja...?"

Hastig schlang Marlene ihren Kuchen runter und verbrannte sich den Gaumen am Milchkaffee. Sie bezahlte und half Mutter in den Pelzmantel.

Zusammen gingen sie zur Tür. Gesprächsfetzen drangen an Marlenes Ohr und das Lachen fröhlicher Menschen, die sich gut verstanden und einander mochten.

Sie hatte sich so viel Mühe gegeben.

Marlene konnte sich nicht erklären, wie es geschah, sie hatte keinen Alkohol getrunken, aber plötzlich hörte sie ihre eigene Stimme sagen: „Mutter, ich werde mich eine Weile nicht bei dir melden… Ich glaub, ich bin nicht sehr gern mit dir zusammen."

„Wie bitte?"

„Ich mag nicht mehr. Ich hab es sogar gründlich satt." Wie gut es sich anfühlte, das auszusprechen. „Nichts, aber auch gar nichts kann ich dir recht machen, und ich bin's leid, es weiter zu versuchen."

Mutters sanftmütiges Gesicht veränderte sich merklich. Ihre Augen blitzten und ihr Mund verkniff sich zu einer schmalen Linie. Marlene musste ihr Unbehagen unterdrücken.

„Wie kannst du es wagen, so mit mir zu reden!"

„Ich… habe alles, was ich gesagt hab, genau so gemeint. Und ich denke wirklich, es wäre das Beste für uns beide, wenn wir etwas mehr Abstand halten."

„Nun, wir werden sehen", zischte Mutter. „Viel Auswahl hast du ja nicht bei der Entscheidung, mit wem du deine Zeit verbringst. In ein paar Tagen hast du deinen kindischen Trotz vergessen und stehst wieder bei mir vor der Tür."

„Das glaub ich nicht, Mutter." Marlene war zu Recht stolz auf sich. Keine schnuppernde Kaninchen-Nase, keine Kopfschmerzen.

„Wenn er dich geliebt hätte, dann wäre er bei dir geblieben…", sagte Mutter leise.

„Was?"

„Wenn seine Gefühle echt gewesen wären, hätte er niemals geglaubt, dass du ihn nicht liebst."

„Wovon sprichst du, Mutter?"

„Von deinem Edmund natürlich. Oh, es war meine beste Vorstellung… Das gebrochene Mutterherz, der reuige Gang zum Geliebten der Tochter, das Geständnis der schrecklichen Wahrheit… Er hat sogar geglaubt, dass meine Einladung zu einem Urlaub in Südfrankreich meinem schlechten Gewissen entsprungen ist… Dein Edmund war ein rechter Einfaltspinsel… Ihr hättet gut zusammengepasst…"

Sie standen oben an der Treppe. Nur wenige Schritte trennten Marlene von frischer Hamburger Seeluft. Sie war blass, frische Luft würde ihr gut tun. Marlene zögerte und starrte ihre Mutter an.

Vera Veents lächelte. Es war das Lächeln einer Siegerin, die immer, fast immer, im Leben bekommen hatte, was sie wollte.

„Lass uns gehen", sagte Marlene milde.

Es war nur eine kleine, kaum zu erkennende Bewegung, mit der Marlene ihr Bein vor den Fuß ihrer Mutter setzte.

Vera Veents stürzte. Die Treppe war nur kurz, und wahrscheinlich wäre sie glimpflich davon gekommen, wenn sie nicht so heftig mit dem Kopf aufgeschlagen wäre.

Der nette Arzt im Krankenhaus erklärte Marlene vorsichtig, was für Verletzungen Mutter davongetragen hatte.

Mutter hatte sich nur die Hüfte und das Schlüsselbein gebrochen.

„Das ist nicht weiter schlimm", sagte er und legte ihr seine Hand auf den Arm.

„Alte Menschen sind anfällig für Brüche dieser Art."

Doch dann fuhr er fort: „Schlimmer sind der Schädelbasisbruch und das Blutgerinnsel in ihrem Hirn. Es tut mir Leid, aber ich fürchte, sie wird nie wieder sprechen oder gehen können…"

Marlene blickte ihn mit glänzenden Augen an.

„Sie müssen sich genau überlegen, was Sie tun wollen. Wenn Sie oder Ihre Mutter finanziell dazu in der Lage sind, kann ich Ihnen gern ein Pflegeheim hier in Hamburg empfehlen…"

„Nein, das kommt nicht in Frage. Ich würde Mutter niemals in ein Heim abschieben. Ich werde sie selbst pflegen", sagte Marlene mit ruhiger Stimme.

„Da nehmen Sie eine Menge Arbeit und Verantwortung auf sich. Sind Sie wirklich sicher?"

„Ganz sicher. Wissen Sie, meine Mutter ist eine wirklich ganz besondere Person. Sie hat so viel für mich getan. Ich finde, es ist nur recht und billig, wenn ich ihr etwas davon zurückgebe."

„Es gibt nicht viele Menschen, die das auf sich nehmen würden…"

„Wir haben eben ein außergewöhnliches Verhältnis, Mutter und ich. Meinetwegen hat sie sogar die Schauspielerei aufgegeben Wissen Sie, vor der Schwangerschaft war sie eine vielversprechende junge Schauspielerin. Eigentlich ist es tragisch, dass sie ihren Beruf hat aufgeben müssen, aber Vater und sie fanden, es sei das Beste für mich. Ich frage mich oft, wie weit Mutter es hätte bringen können. Sie war wirklich talentiert… Also, egal, welche Opfer ich bringen muss, ich werde es mit Freuden tun."

„Ihnen steht einen schwierige Zeit ins Haus, das wissen Sie doch…"

„Das weiß ich genau. Ich weiß aber auch, dass das, was mich erwartet, nichts ist im Vergleich zu dem, was Mutter bevorsteht."

Renate Müller-Piper

Todestag

Ihren Michael auf der sonnenbeschienenen Parkbank dort drüben fotografieren, immerzu, hundertmal mindestens – das wär's! Später dann Vergrößerungen machen von jenen ausgewählten Fotos, die zu Herzensbildern avancieren. Und Ausschnittvergrößerungen ohne Ende: sein Mund, sein voller, fester Mund. Mit dem er liebevolle Worte sagt, lacht und Thekla küssen wird. Seine Hände, zehn Klavierfinger, in denen er Zigaretten hält, bis sie seine Haut fast versengen. Finger, mit denen er Thekla streicheln wird. Die er warm auf ihre Brüste legen wird und auf ihr Geheimstes da unten. Finger, mit denen er, oh so verdammt zärtlich, die vierundzwanzig kleinen Knöpfe ihrer Baumwollbluse aufknöpfen wird. Ihr erst diese Bluse, dann den bodenlangen, handgewebten Rock behutsam vom Körper ziehen wird. Ganz zuletzt das weiße Hemd, den weißen Slip. Weiß wie Unschuld, wie sie selbst, wie Thekla. Manchmal nennt sie sich Blanche. Dieser Name spricht von Unschuld. In Jahren zwanghafter One-night-stands hat sie ihre Jungfräulichkeit bewahrt. Für wen? Sie weiß es, seit Michael sie im Vorübergehen anlächelte. Einmal, zweimal, fünfmal. Nie zuvor hatte ein so schönerschöner Mann ein Lächeln für sie gehabt. Seitdem ist er es, für den sie sich aufgehoben hat, all die Sekunden, Minuten, Stunden, Tage, Wochen. Sie gehören zusammen, sind eins. Ein Fleisch und Blut.

Thekla rutscht auf der hölzernen Parkbank am Göttinger Wilhelmsplatz hin und her. Ihr schmales, sonst so wächsernes Gesichtchen brennt, leuchtet, in Gedanken sieht sie die Wände ihrer kleinen Hamburger Wohnung vor sich, Michael-Wände. Ein Foto von dem Göttlichen neben dem anderen, über dem anderen. Michael bei einer Vernissage, bei Kunstgesprächen, Interviews. In Emden, Celle, Hamburg, Osnabrück, Verden, Hannover.

Heute wird er in der Göttinger Galerie Apex sprechen. Apex. Kunst. Kneipe. Kabarett. Die Ausstellung „Lachende Frauen" wird er eröffnen. Auf den dafür werbenden Plakaten zeigt eine Nackte lachend ihr tieftief-gerutschtes blutrotes Herz hinter Haifischzähnen.

„Hier ist frei?" Ein kurzbeiniger Dickwanst sackt erwartungsvoll neben Thekla auf die Bank. Sie wendet den Kopf nur wenige Zentimeter, zieht ihren braunen Lederrucksack näher zu sich heran.

„Ich warte hier auf meinen Mann", sagt sie so hochmütig, wie sie kann, und hebt demonstrativ ihre rechte Hand mit dem gestern erstandenen weißgoldenen Ehering. Bild dir nichts ein, du Wicht, so eine wie ich ist vergeben.

Halb hinter Buschwerk verborgen, lässt sie Michael da drüben auf seiner Bank nicht aus den Augen. Offenbar gelangweilt durchblättert er gerade das kleinformatige provinzielle Göttinger Tageblatt, erhebt sich. Zu Apex jetzt? Nein, vom üppig blumengeschmückten Wilhelmsplatz schlendert er hinüber zum Deutschen Theater von 1890. Thekla ist ihm auf den Fersen, nicht zu dicht, sieht ihn das ausgehängte Programm studieren. *Endstation Sehnsucht.*

Eine kleine, quirlige Passantin zwängt sich an Thekla vorbei. „Der Eingang zum Theater ist da vorn, die Stufen hoch. Wollen Sie Karten für Tennessee Williams heute Abend? Ich…"

„Mein Mann hat für Karten gesorgt. Loge rechts", wehrt Thekla ab, stolpert dann die Theaterstraße hinunter, Michael hinterher. Der hat sich inzwischen sein hellblaues Sommerjacket ausgezogen und locker über die Schultern gelegt.

Blau steht dir gut, flüstert Thekla. *Blau zu deinen blauen Augen und dem goldenen langen Haar.*

Michael, dessen rotlockige Mähne heute in einem Pferdeschwanz gebändigt wird, schlendert durch die Weender Straße. Fußgängerzone. Auf-und-ab-Bummel-Boulevard. Dem meistgeküssten Studentenliebchen der Welt, dem bronzenen Gänseliesel vor dem Alten Rathaus, blickt der jungenhafte Vierzigjährige lächelnd in die Augen. Thekla beunruhigt das, es macht ihr Angst, sie spürt diese Hitze in sich aufsteigen, diese stechende Hitze, die ihren Kopf kochen lässt und jeden klaren Gedanken verbrennt. *Michael,* flüstert sie, *betrüg mich nicht.*

Das Gänseliesel ist reizend, mädchenhaft, jung. Garantiert erst siebzehn, halb so alt wie Thekla. *Michael,* flüstert sie, *lass dich nicht betören. Dieses Mädchen hat sich nicht für dich aufbewahrt, es sieht unschuldig und demütig aus, aber es ist das meistgeküsste Mädchen der Welt. Jeder junge Mann mit Doktorhut hat seine Lippen auf ihre gepresst. Sie ist nicht gut genug für dich. Überall lauern Gefahren wie diese für unsere Liebe. Aber wir sind stark, uns wird ab sofort nichts mehr trennen. Und nach einem langen, langen Trauerjahr steht Inge nicht mehr zwischen uns. Kann sie nicht, darf sie nicht.*

Einen Mann wie Michael hatte Schwester Theklas frühere Patientin Inge nicht verdient. Die nicht. Seine zärtlichen Briefe flogen ungeöffnet in den Papierkorb. Seine prächtigen Blumenbuketts bedachte sie mit schiefen Blicken, seine Bonbonnieren verschenkte sie ans Pflegepersonal. Wenn Michael sanft Inges Hand nahm, entzog sie sie ihm. Wenn er sie auf die Stirn oder den schmalen Mund küssen wollte, wandte sie sich ab. So eine sollte Thekla gesundpflegen.

Michael sieht flüchtig auf seine Armbanduhr, verabschiedet sich mit einem halben Lächeln vom Jugendstil-Gänseliesel und spaziert die Weender Straße wieder zurück, noch nicht zu Apex in die Burgstraße. Vorher ins Café Cron & Lanz. Konditortradition seit über 100 Jahren in der malerischen Altstadt. Hinter riesigen gläsernen Scheiben winken dreistöckige Torten, winzige Petits Fours und tausend ähnliche Köstlichkeiten.

Am endlosen Kuchenbüffet entscheidet Michael sich für ein Stück der himmlischen Sarah-Bernhardt-Torte. Thekla beobachtet ihn im Spiegel gegenüber, bei den Pralinen, und sieht ihn dann die geschwungene Treppe in die erste Etage hochgehen, wohin sie ihm folgt, einen Platz auf der Polsterbank am Fenster erwischt, in Michaels Rücken.

Auch heute prügelt man sich fast um die begehrten Plätze neben duftig weißen Tüllgardinen, mit Blick auf Tafeln wie diese:
Heinrich Heine
Dichter
1825
Als Michael wenig später von einem Gang in die hinteren Räume zurückkommt, dampft vor ihm einladend der Kaffee. Thekla, hinter dem aufgeschlagenen *Figaro* kann es nicht abwarten, dass er ihren Brief in die Hand nimmt. Ihren Brief, den sie ihm schnell wie der Wind neben seine Kuchengabel gelegt hat. Herzbriefbogen. Korallenrot. *Ich bin dein, wie du mein bist. Gib mir ein Zeichen deiner Liebe: Lass dein Haar locker dein Gesicht einrahmen. Bitte.*

Zwischen zwei Schluck Kaffee liest Michael Theklas Zeilen, blickt sich um im überfüllten Café.

Du kannst mich nicht entdecken, noch nicht, flüstert Thekla. *Meine Haare sind jetzt kurz und schwarz wie Teer. Und meine Sonnenbrille, die großen Gläser…*

Michael lehnt sich in dem Thonet-Sesselchen zurück, wendet den Kopf noch einmal, das Lächeln vorangegangener Stunden scheint Unmut und Ernst gewichen. Die anonym bei ihm abgegebenen Rosen, die Telefonanrufe ohne Worte steigen aus seiner Erinnerung auf. Das Feinschmeckerpaket zum 24. Dezember.

Lächle wieder, Liebster, flüstert Thekla. *Ich bin dir doch ganz nahe. Wie immer. Ich heiße ja nicht Inge. Deinen Blumen werde ich immer frisches Wasser geben, mir deine Pralinen auf der Zunge zergehen lassen. Nie im Leben, Liebster, werde ich dir meine Hand entziehen. Und du sollst mich küssen, dass mir die Luft wegbleibt.*

Michael wendet sich wieder dem Kaffee zu, blättert in seinem Manuskript, macht sich letzte Notizen mit seinem Montblanc.

Ich werde an deinen Lippen hängen, wenn du nachher die Ausstellung eröffnest, flüstert Thekla. *Deine Stimme wird mich einhüllen wie Musik, schöner als die von Verdi, Händel oder Haydn. Aber gib mir ein Zeichen: Lass dein Haar locker fallen. Jetzt!*

Michael hat bezahlt, sich jetzt auf den kurzen Weg in die Burgstraße gemacht, zur Galerie Apex. „Lachende Frauen" grüßen ihn von den Wänden, er kennt die Exponate von der Vorbesichtigung her, die Cartoons, Karikaturen und Bildergeschichten. Langsam schlendert er durch den ersten von Kunstbeflissenen überquellenden Raum, blättert in ausliegenden Katalogen, bahnt sich seinen Weg, vorbei an Postkartenständer und Postermappe.

In der sich anschließenden Kneipe begrüßt ihn strahlend die Galeristin: Tiefe Blicke. Küsschen. „Hier ist übrigens ein Brief für dich abgegeben worden", lacht die Schöne und zieht ein korallenrotes Kuvert aus der Blazertasche.

„Wer? Wann?", will Michael wissen.

„Keinen Schimmer", versichert sie. „Der lag einfach so auf dem Tresen, vorn drauf dein Name und der Zusatz *eilt!* Sieht nach Liebesbrief aus. Gratuliere! Es wird Zeit, dass du dein Schneckenhaus verlässt! Ach ja, und bestell dir noch was Feines zu trinken, ehe du loslegst. Auf Kosten des Hauses!"

„Danke." Michael schiebt das Kuvert betont beiläufig in die Vortasche seiner Kollegmappe, sinkt in einen der schwarzen Flechtsessel unter dem grün überwucherten hohen Glasdach, durch das der frühsommerliche Himmel zum Anfassen nah scheint.

Vergiss meinen Brief nicht, flüstert Thekla. *Gib mir jetzt das Zeichen, lass deine goldenen Haare dein Gesicht einrahmen. Wie damals, als du mir zulächeltest, auf dem Klinikgang und an Inges Krankenbett.*

Auf dem Weg zu Apex vorhin hat Thekla ihr Haar unter eine braune Perücke gestopft, einen mausgrauen Sommermantel über Bluse und Rock gezogen. Sie lehnt an der Wand eines Galerienebenraumes, wartet. Gerade zündet Michael sich die nächste

Camel an, der schmale rotgoldene Ehering an seiner rechten Hand blitzt auf. Inges Ring. Der muss weg. Thekla hat zwei Ringe arbeiten lassen, breite Weißgoldbänder, von denen sie gestern einen über ihren Finger gestreift und nicht wieder abgenommen hat. Ein Ring für alle Ewigkeit! Sie tastet nach jenem für Michael, fühlt sich von einer Welle der Vorfreude himmelhochgehoben. Aber sie stürzt jäh ab, als ihr Blick auf das ihr nächste Ausstellungsexponat fällt. „Keine Frau welkt so schön wie du", legt da die Karikaturistin Marie Marcks einem schmierigen Romeo in den Mund.

Welken? Ich will nicht welken. Ich will aufblühen, an deiner Seite, flüstert Thekla beschwörend. *Das ganze Trauerjahr lang habe ich im Verborgenen auf dein Lächeln, deine Briefe, deine Anrufe, dein Klingeln an meiner Tür gewartet. Vergeblich. Aber ich verstehe dich, Liebster. Du willst, dass ich nach dieser Anstandsfrist unsere Sache in die Hand nehme, du willst umworben sein, wie du Inge umworben hast, die deinen Glauben an die Liebe getötet hat. Glaub mir, ich weise dich nicht ab, du bist mein Romeo! Aber ab heute werde ich mich nicht mehr verstecken, nicht länger dein Schatten sein. Das Trauerjahr ist um. Gib mir das Zeichen! Schnell! Bekenn dich offen zu unserer Liebe!*

Wieder steigt die Hitze in ihrem Körper hoch, von den Zehen bis zur Stirn. *Lies,* flüstert sie, *damit unsere Geschichte wirklich beginnen kann.*

Tatsächlich kramt Michael im nächsten Augenblick Theklas Brief hervor, überfliegt ihn stirnrunzelnd, schüttelt den Kopf, knüllt das korallenfarbene Papier zusammen, legt es neben den Aschenbecher.

Über die bekanntesten Karikaturistinnen aus dem deutschsprachigen Raum hört Thekla den Mann mit dem Pferdeschwanz drei Minuten später geistreich, kenntnisreich referieren.

„Haben Frauen denn nichts zu lachen?", fragt er in die applaudierende Runde und fährt fort: „Wer Franziska Becker, Doris Lerche und all die anderen hier vertretenen Künstlerinnen kennt, weiß es besser…"

Von Sekunde zu Sekunde fällt es Thekla schwerer, sich zu konzentrieren. Michaels Wörter zerfallen zu verzerrten Lauten, mischen sich mit schrillen Musikfetzen. Ihr Kopf dröhnt, gleich wird er platzen, wie ein zu prall aufgeblasener Luftballon.

Wortgeklingel erfüllt den Raum. Gelächter. Beifallklatschen. Dann die Stimme der Galeristin, die ihren Arm unter den Michaels geschoben hat: „Die Ausstellung ist eröffnet. Und unsere Küche erwartet Ihre Bestellungen!"

„Nein!", schreit Thekla in die abrupte Stille nach dem Warnschuss aus ihrer 38er Smith und Wesson. „Nein, ihr werdet euch nicht einfach Gulaschsuppen, Chardonnay und Whisky bestellen! Ihr habt kein Recht, so zu tun, als sei alles in Butter! Es gibt keine Liebenden mehr in dieser höllischen Welt, aber das kümmert euch nicht, ihr Monster!" Breitbeinig, kämpferisch steht Thekla auf den Treppenstufen zum ersten Stock, die Waffe fest in beiden Händen.

„Gib mir das Zeichen, Michael! Und komm zu mir, ganz nah!", befiehlt sie, hält die geschockte Menge weiter in Schach. „Wir bleiben zusammen, mein Lieber", sagt sie dann eisig, als Michael mit jetzt offenem Haar vor ihr steht. „Wir bleiben zusammen. Ab heute, Inges Todestag. Ein Tag der Freiheit für dich, für uns beide. Freiheit, die ich dir heute vor einem Jahr geschenkt habe! Komm! Komm!"

Sie ist ganz ruhig inzwischen, trifft Michael genau ins Herz, flüstert glücklich: „Alles ist gut." In alter Zärtlichkeit und wie erlöst.

Mit einer Hand streift sie dem Toten den weißgoldenen Ring noch über den Finger, ehe sie lächelnd die Waffe an ihre Schläfe setzt.

Detlef Michelers

Dukatenmännchen

Heilige Barbara! Das darf ja wohl nich' wahr sein", murmelt Hannes Tischenrieder sichtlich verstört, nachdem er die Tür zum Vereinszimmer im ‚Weißen Schwan' aufgeschlossen hat und nun die ‚Bescherung', wie er es später nennen wird, vor sich sieht.

Tischenrieder, Schriftführer des ‚Glück Auf Goslar e.V.', dem Verein ehemaliger Bergarbeiter des Rammelsbergs, ist wie immer als erster vor Ort, wenn die Mitglieder ihre monatlichen Treffen in dem holzgetäfelten Restaurant abhalten, das über den Innenhof des mittelalterlichen Ausspanns zu erreichen ist.

Der hoch gewachsene, ehemalige Hauer steht – um sich nicht den Kopf am Türbalken zu stoßen – auf der vorletzten Stufe der kurzen Treppe, die zum Vereinszimmer führt. Verwirrt über den Anblick, der sich ihm bietet, hat er in einer ersten hilflosen Reaktion den Schlüssel von der Tür abgezogen und kratzt sich mit ihm den kahlen Hinterkopf. An der Stirnseite des niedrigen Raums steckt, im birnenförmigen Kumt des 1950 verstorbenen, weit über die Harzer Bergwelt hinaus berühmten Grubenpferdes ‚Corona', ein Mann. Kopfüber, die Beine am Geschirrstück festgezurrt. Die Arme berühren fast den Dielenboden. Das volle, graue Haar bewegt sich im leichten Luftzug, der durch das Öffnen der Tür entstanden ist. Die Finger, in denen sich das Blut gestaut hat, gleichen Würstchen.

‚Cevapcici', denkt Tischenrieder. Pietätlos, vollkommen indiskutabel, das weiß er, aber er schafft sich Distanz für einen Augenblick; Distanz, um die Bedrohung zu überwinden, die von der so hergerichteten Leiche ausgeht. Im Laufe seiner über 30-jährigen Berufspraxis hat er viele Arten von Verstümmelungen, Verformungen bei Unfällen im Bergwerk erlebt, doch beim Anblick dieses sicher mühevoll, aber gleichzeitig auch brutal durch den gepolsterten Bügel gesteckten Mannes wird ihm schlecht. Sein Magen rebelliert. Als er sich über die Kloschüssel beugt, schießen ihm Tränen in die Augen. Mit verhaltener Wut über seine schwächliche Konstitution knallt er die Toilettentür zu. Er spült den Mund wieder und wieder aus, ohne den Geschmack des Mittagessens – Rotbarschfilet mit Kartoffelsalat und Remoulade aus der Fischbratküche in der Fischemäkerstraße – zu verlieren. Was ihn anblickt, ist ein Spiegelbild des Jammers, wenn er seinen feuchten blauen Augen trauen darf.

‚Heilige Barbara, wann habe ich das letzte Mal so ausgesehen?'
Und ihm fällt der 30. Juni 1988 ein, als der letzte Wagen mit drei
Tonnen Erz den Rammelsberg verlassen hatte und alle 282 Männer und Frauen des Bergwerks entweder verheult oder mit ver-
steinerter Miene das Ende einer mehrhundertjährigen Industrie-
geschichte, das Ende der Erzförderung im Rammelsberg, miter-
lebten. Tischenrieder trocknet seine Hände mit einem Papier-
taschentuch ab, zieht sein Schnupftuch – wie immer auf das
liebevollste von seiner Tochter Ike gebügelt – aus der Hosentasche, um sich die Tränen abzuwischen. Wer, fragt er sich, während er fast zärtlich seine Wangen abtupft, ist der Tote, und wer
hat ihnen den Leichnam – und daran gibt es nach seinem ersten
Eindruck keinen Zweifel – in das Vereinszimmer gehängt? Aus
welchem Grund? Eine Bestrafung? Eine Provokation? Will man
ihnen, den alten Kumpels, etwas unterjubeln? Aber vielleicht ist
es kein Racheakt, sondern eine Art Präsent, so etwas wie ein Über-
raschungsei?

In diesem Moment wird die Tür heftig aufgestoβen. Hannes
Tischenrieder, dessen Gesicht sich unter dem Gewicht und der
ungewohnten Fülle selbstgestellter Fragen langsam dem Spie-
gel genähert hatte, wird mit Wucht gegen Waschbecken und
Spiegel gedrückt, so dass seine Nase einen Fettfleck auf dem
Glas hinterlässt.

„Haben Sie denn keine Augen im Kopf!?", beschimpft er sein
Spiegelbild, bevor er sich umdrehen kann.

Es ist Gerd Mittler. Der zweite Vorsitzende ihres Vereins. Von
seiner berühmten Mallorca-Bräune ist in diesem Moment nichts
zu sehen. Aschfahl ist der Mitsechziger.

„Hast Du…"

„Ja, hab ich."

„Was hast Du?"

„Na, das."

„Wirklich?"

„Ja, was denn sonst!"

„Und jetzt?"

„Und jetzt, und jetzt, und jetzt!" Tischenrieder ist gereizt, seine
Stimme wird von Mal zu Mal lauter, er bläfft Mittler an: „Was willst
Du eigentlich hier auf dem Klo?"

„Wir müssen…", beginnt Gerd Mittler.

„Natürlich müssen wir."

„Hast Du schon Heinrich…?"

„Nein. Und Du?"

„Er steht hinterm Tresen, muss zapfen, Mirco hat heute frei."

„Und wo ist Bianca?"

„Macht die Küche. Die Köchin ist zusammengebrochen. Ihr Bruder in Zagreb liegt im Sterben."

„Der eine hat's vor, der andere hinter sich", philosophiert Tischenrieder.

Sie schieben sich gegenseitig aus dem Toilettenraum, stehen im Durchgang des Balkan-Grills, zwischen Künstlerstammtisch und Treppchen zum Vereinszimmer. Schulter an Schulter gelehnt, starren sie auf den Toten. Keiner betritt den Raum.

„Kennst Du ihn?", fragt Hannes Tischenrieder.

„Den Arsch erkenn' ich jederzeit auch von hinten, selbst wenn er als Butterhanne auftritt."

„Du glaubst…?"

„Bin ich absolut sicher. Das ist unser Dukatenmännchen, Wölfchen Herborth, der Kassierer unserer Knappschaftsversicherung aus seligen Zeiten. Der bereits 'n Flossen-Mercedes fuhr, als wir noch unsere Bergmannskühe selbst molken."

„Willst du damit sagen…?"

„Nix will ich sagen. Aber vielleicht hat jemand mal bei seiner Knappschaftsrente genauer hingeschaut, was nachrechnen lassen und war irgendwie irritiert."

„Und deshalb, meinst du, hat uns jemand das Wölfchen über das Holz geworfen, damit wir endlich auch die Taschenrechner zücken?"

„Hannes, nix Genaues weiß ich nicht. Nur, dass es damals so Vermutungen gegeben hat, dass gemunkelt wurde."

„Auf jeden Fall können wir unseren Vereinsraum für heute vergessen."

„Dann setzen wir uns eben an den Künstlerstammtisch. Absolut erste Reihe, wenn die Kripo kommt."

Das Küchenglöckchen klingelt. In der Durchreiche tauchen zwei Salatteller, einmal Putenschnitzel und einmal gemischte Grillplatte auf. Heinrich, der Wirt, eilt aus der Gaststube herbei, grüßt die beiden mit „Hallo Männer, alles klar?", ordnet die Teller auf seinem linken Unterarm an.

Tischenrieder rührt hilflos mit der rechten Hand in der Luft herum: „Wir müssen Dir was sagen, Heinrich."

„Ja, aber nicht sofort", hakt Mittler ein. „Bring Dein Zeug erst mal weg. Wir kommen an den Tresen."

Bianca steckt ihren blonden Kopf durch die Küchentür: „Was is, Jungs? Alles okay odder gibt Problema?"

„Ach, weißt Du", schmeichelt Mittler, der immer eine leider nie erwiderte Sympathie für die aparte Kroatin hatte und jetzt meint, den lockeren Weltmann rauskehren zu können, „es ist nix Ernstes, alles schon vorbei. Ihr habt nur im Vereinszimmer eine Leiche rumhängen."

Der Wirt, der gerade die Schwelle zum Schank- und Gastraum erreicht hat, gerät bei dem Wort ‚Leiche' ins Straucheln und verteilt die zwei Hauptgerichte inklusive der Salatteller im fliegenden Wechsel über den Tresen. Das dumpfe Scheppern der vollen Teller wird durch den peitschenden Ausruf von Bianca ergänzt: „Leichä bei uns?" Und schon gefasster folgt die Nachfrage mit dem unnachahmlichen ost-und südosteuropäischen kurzen O, das keinen Widerspruch duldet: „Wo?"

Eine Viertelstunde später ist die Kripo im Haus. Und ebenso die kleine Altmännerrunde, die dicht gedrängt, als ginge es ein letztes Mal auf Fahrt in den Stollen, an der Wandseite des Stammtisches Platz genommen hat.

Rüdiger Kesselring, der Einsatzleiter, hat das Lokal schließen lassen, obwohl ihm die Wirtin ständig mit dem Satz in den Ohren liegt: „Und wärr bezahlt, bittä?" Ihr Ehemann hat sich in seine Stammnische gegenüber dem Tresen verkrochen und hofft, dass nicht nur die Polizisten für Umsatz sorgen, sondern nach dem ersten Schock auch die fünf Vereinsmitglieder, die der Arbeit der Spurensicherung mit respektvollem Schweigen folgen.

Zwei der Alten kennt Kommissar Kesselring. Hannes Tischenrieder, dessen Tochter Ike mit ihm in die Realschule gegangen ist und Gerd Mittler, den er auf einem Mallorca-Flug kennen gelernt hat. Die drei anderen sind für ihn, wie er gerne berufsbezogen scherzt, noch weiße Tücher. Aber er ist froh, dass er sie hier zusammen hat. Vielleicht fällt die eine oder andere Bemerkung, die ihm weiterhilft. Alt, und das ist Kesselring klar, wird er an diesem Abend im ‚Weißen Schwan' jedoch nicht werden. Denn in einem Punkt herrscht kein Zweifel: Todes- und Fundort sind keinesfalls identisch. Die Leiche Herborths ist nur zugestellt oder abgelegt worden – aus welchem Grund auch immer.

„Gestaucht war er ja nun schon genug", grummelt Tischenrieder, als die Sargträger die Alubeule mit der Leiche fast hochkant nehmen müssen, um aus dem Raum zu kommen. Wirt Heinrich hat eine erste Runde ‚Goslarer Grubenlicht', einen Kräuterschnaps, der jede Speiseröhre fegt, auf den Tisch gestellt und Kesselring fordert ihn auf, schon mal dazubleiben und ihm zu erklären, wie hier jemand so mir nichts dir nichts in der Nacht in das Lokal kommen könnte, um eine Leiche zu drapieren. Da schrillen bei Bianca, die hinter ihrem Heinrich steht, gleich die Glocken. Das klingt ihr sofort nach Schlamperei, Fahrlässig- und Fremdenfeindlichkeit: „Lokall is sichä, warr imma sichä. Nix rein wie raus."

Kesselring wechselt das Thema. Dass das Restaurant nicht gerade wie ein Safe gesichert ist, und dass man über den Hof oder Hinterhof in das Haus einsteigen kann, ist offensichtlich.

„Und wo wird der Schlüssel für den Vereinsraum aufgebahrt, ähhm aufbewahrt?"

„Der hängt da, wo er immer hängt, wenn er da hängt. Am Schlüsselbrett, am Tresen", antwortet Heinrich in seinem etwas betulichen Tonfall.

„Na und?"

„Da hing er auch, als Hannes ihn holte. Nur…"

„Was?"

„Mit der Musik…"

„Welcher Musik?"

„Na ja, unsere Schlagermusik, die so den Tag über läuft. Ich hab' heute Morgen das Kassettengerät angemacht und… also ich hab nichts verstanden. So ein schauerlicher Gesang…"

„Warr Opper. Große Opper! So schöne Stimme, aber Heinrich ist Banane…"

„Banause", korrigiert Kesselring, der die sprachliche Genauigkeit seines Großvaters geerbt hat.

„Egall! Nix Kultura. Nur Hossa, hossa."

„Und wo ist die Kassette?"

„Ich holle", schon ist Bianca wieder zurück, wedelt mit der Kassette.

Kesselring liest laut: „Richard Wagner: Ring der Nibelungen: Schöne Stimmen der Gegenwart: Martha Mödl als Brünnhilde singt highlights aus der Götterdämmerung u.a.: ‚O ihr, der Eide ewige Hüter'."

„Na klar", ruft Dariusz Muszynski, der zwischen Tischenrieder und Mittler hockt, „Nazis. Die Glatzköppe. Hab's mir doch gleich gedacht. Die wollen uns die Leiche in die Schuhe schieben."

„Wahrscheinlich aus Braunschweig", ergänzt der vierte im Bunde, Siegbert Wesling, während der fünfte, Paul Zellhofer, nur die lakonische Handbewegung des Kopfabschlagens macht.

„Hä?", fragt Kesselring ungläubig und hat für einen Augenblick die großväterliche Spracherziehung vergessen.

„Mensch, Kommissar", mischt sich Tischenrieder ein, „Sie sind doch Goslarer und Sie wissen nicht, dass alles Üble für unsere Stadt aus Braunschweig kommt?"

„Seit 1522", trumpft Wesling auf, „da mussten wir die Rechte an unserem Bergwerk an die Braunschweiger Herzöge abtreten!"

Damit kann Kesselring trotz des Traditionsbewusstseins seiner eigenen Familie nun wirklich nichts anfangen. Mit dem Altmännergebinde kommt er heute Abend nicht weiter. Er wird sie in den nächsten Tage einzeln befragen.

Beim Abschied wendet er sich an Tischenrieder: „Ich hab Deine Tochter Ike gestern vor dem ‚Brusttuch' getroffen. Sie kam gerade mit einer Handkarre von der Kaiserpfalz."

„Jo, sie macht sich als Restauratorin."

„Hat sie nicht früher Gerüstbauerin gelernt?"

„Jo, aber als sie in der Neuwerkskirche das Gerüst für die Restaurationsarbeiten mit hochgezogen hat, ist sie auf den Geschmack gekommen und hat umgesattelt."

„Tolles Mädchen, großartig! Sie stand mit unserer Kulturreferentin zusammen und fachsimpelte über ihre Steinleiche auf der Karre, als hätte sie Mittelalter studiert."

„Mit der fixen Heidi?"

„Die war hoch erfreut, dass Ike ihren Heinrich III. per pedes zum Röntgen brachte und nicht einen Transporter bestellt hatte. Spart ihr eine Menge Geld, sagte sie."

„Jo, wissen wir ja, dass es uns nicht mehr so gut geht wegen den Braunschweigern."

Jetzt reicht es dem Kommissar endgültig. „Noch 'ne Runde Schnaps für die Herren", ruft er dem Wirt zu, zahlt und grüßt mit flottem Griff an die Krempe seines Jägerhutes.

Nun wird es in der Runde lebhaft. Der Druck ist gewichen, man rückt auseinander, und es wird gefachsimpelt, wem der Verein die Leiche zu verdanken hat und welchen Grund der Täter gehabt haben mag.

Siegbert Wesling, der sich gerne als das historische Gewissen der Stadt ausgibt, beharrt starrköpfig auf einer Braunschweiger Gang, bis die barocke Figur von Paul Zellhofer genug Widerspruch in seinem massigen Körper gesammelt hat, um ihm über den Mund zu fahren:

„Du mit Deiner Heimattümelei! Hast doch ʼ52 erst über die Börde aus dem Magdeburgischen rübergemacht, wo die Nester alle Leben heißen: Oschersleben, Irxleben, Haldensleben... wenn da das Leben tobt, warum biste nichʼ dageblieben?"

„Genau", ergänzt Muszynski, dessen polnischer Großvater auf dem Weg nach Westen das Goslarer Bergwerk für das Ruhrgebiet gehalten hatte und geblieben war, „von Zugewanderten lassen wir uns noch lange nicht sagen, wen wir hängen sollen."

„Leben und leben lassen", damit versucht Mittler als heute ranghöchstes Vereinsmitglied seinem Namen und seinem Amt gerecht zu werden. Er verschiebt die Perspektive: „Ich sagʼ nur Serbien! Wisst ihr noch, wie Heinrich damals die Speisekarte änderte und aus der serbischen die kroatische Bohnensuppe machte? Monatelang wurden Speisekarten immer wieder handschriftlich geändert, sogar der Außenkasten übersprüht. Und so wie unser Dukatenmännchen da hinten", und er weist theatralisch mit dem Arm über Stammtisch und Stühle auf die verplombte Tür, „über einer der Reliquien unserer Gemeinschaft, dem Kumt unseres Grubenpferdes ‚Coronaʻ, hing, das sieht doch ganz nach den Foltermethoden postkommunistischer Diktatoren aus. Es würde mich nicht wundern, wenn..."

Bei diesem Stichwort betritt Rolf Ulrich Krümel das Lokal und steuert zielstrebig auf die Fünferriege zu. Krümel, genannt Goldfinger, ist die Edelfeder der Goslarer Lokalpresse, schreibt für einen landesweiten Pressedienst.

Er öffnet seinen in Hannover erworbenen Modellmantel, lockert den Kaschmirschal, setzt sich, klopft auf seine unnachahmliche Art einhändig die Zigaretten aus der Packung, bietet an: „Nun mal los, Männer. Ihr wisst doch was. Dukatenmännchen war nicht sehr beliebt bei euch, oder? Trieb sich doch mehr bei den Weibern in der Buchhaltung rum, als im Betriebsbüro, nicht wahr? Und wurde nicht von Unregelmäßigkeiten bei der Knappschaftsversicherung geredet?"

Auf die Knappschaft lässt keiner was kommen. Das gehört nicht an die große Grubenglocke. Dass sie vielleicht von diesem windigen Typ, den sie auch noch in den Betriebsrat gewählt hatten, betrogen worden sind, das hat niemanden zu interessieren. Vor allen Dingen nicht dieses Schnauzbartgesicht mit seinen parfümierten Zigaretten. Doch für Krümel, der die verhaltene Reaktion der ehemaligen Bergleute zu deuten weiß, steht die mögliche Schlagzeile fest: ‚Der Rammelsberg ruft – Späte Rache für einen Betrüger‘ Fragezeichen.

Als erster geht Hannes Tischenrieder. Nach dem Tod seiner Frau und der Auflösung ihrer Wohnung in der Unterstadt ist er in eine Altenwohnung im Großen Heiligen Kreuz gezogen, einem der fünf Hospitäler, die in Goslar erhalten geblieben sind. Er mochte die erinnerungsträchtige Wohnung, die er jahrzehntelang mit seiner Frau geteilt hatte, nicht alleine bewohnen, und auch Tochter Ike, die zunächst Nachmieterin werden wollte, besann sich kurz vor dem Tod ihrer Mutter anders. Sie wollte lieber ihr eigenes Nest bauen.

Als sich Tischenrieder der Abzucht nähert, die am alten Hospital vorbeifließt, sieht er in der Nähe seiner Haustür eine Gestalt am Brückengeländer.

„Was machst du denn um diese Zeit hier, Ike?"

„Du kommst aus dem ‚Weißen Schwan‘?"

„Weißt du doch, wie jeden ersten Dienstag im Monat."

„Ich glaub‘, ich muss dir was sagen, bevor…"

„Bevor was?"

„Komm, lass uns ein Stück am Bach entlang gehen. Es ist für mich leichter, im Gehen zu sprechen."

Schweigend geht Hannes Tischenrieder neben seiner Tochter her, die – am leise plätschernden Bach entlang – ihr eigentliches Thema zunächst weiträumig umkreist, um sich, als würde sie eine Zwiebel schälen, langsam dem Kern ihrer Aussage zu nähern. Sie kenne Wölfchen Herborth schon lange, sehr lange, beginnt sie. Bei ihrer Ausbildung als Gerüstbauerin hätte die Firma auch mal den Verwaltungstrakt des Bergwerks eingerüstet, und da hätte sie zufällig gesehen, wie Herborth mit ihrer Mutter in der Damentoilette, und Ike sucht nach Worten: Also es hätte nicht nach Vergewaltigung oder Nötigung ausgesehen, eher wäre es ihr so vorgekommen, als wäre es nicht das erste und wohl auch nicht das letzte Mal… also mehr wie eine geheime Übereinkunft…

„Rammelsberg", schreit Hannes Tischenrieder plötzlich, „der Rammelsberg! Ein Bumsschuppen!" Seine Stimme bricht ein, geht in ein Krächzen über, „Weltkulturerbe, ha ha ha, dass ich nicht lache!"

Ike nimmt ihren Vater in den Arm: „Ist ja vorbei, ist ja vorbei." Sie hat jetzt die erste Hürde genommen, will alles los werden, erzählt, dass Mutter ihr die Geschichte erst kurz vor ihrem Tod selbst gebeichtet habe, und dass dies der Grund gewesen sei, nicht die Wohnung zu übernehmen.

„Und gestern", sie zieht ihren Vater unter das Licht einer Straßenlaterne, „sieh mich bitte genau an, also gestern kommt das Dukatenmännchen in die Pfalzkapelle oben in der Kaiserpfalz, wo ich gerade die Grabplatte von Heinrich III. auf die Karre hieve, sülzt so ein bisschen rum, kommt mir immer näher und sagt plötzlich: Ike, du bist genauso scharf wie deine Mutter. Du hast doch keinen Kerl. Lass' es dir von mir besorgen. – Und da ist es mir so rausgeplatzt, ‚Na mach schon, du darfst ja, bist ja auch mein Vater, du geile Sau'."

Hannes Tischenrieder hört nur noch die Abzucht rauschen. Er will nichts mehr wissen, nichts mehr aufnehmen, aber seine kräftige Tochter umklammert ihn wie einen Schraubstock.

„Bitte! Schalt' jetzt nicht ab, halt' es aus!... Wölfchen stierte mich an, röchelte, verdrehte die Augen und fiel rückwärts in Heinrichs Gruft, auf dessen Sarkophag. Er war hin. Ich hab ihn mit meinem kleinen Flaschenzug rausgeholt, unter Heinrichs hohle Sargplatte geschoben, bin mit ihm durch die Stadt gezuckelt und habe ihn nachts im ‚Weißen Schwan' für euch aufbereitet."

„Für uns", kann ihr Vater nur abwesend wiederholen.

„Für euch!", betont Ike. „Soll sich doch ganz Goslar über ihn das Maul zerreißen. Der Typ hat euch dermaßen hinters Licht geführt, dass er diesen Abgang verdient hat."

„Verdient, jo, verdient...", Hannes Tischenrieder zuckt mit den Schultern. Er spürt nur eine wohltuende Leere in seinem Kopf, als habe der murmelnde Bach alle Gedanken, alle Erinnerungen weggeschwemmt. Er lächelt seine Tochter an:

„Heinrich Bunge hat gefragt, ob du abends wieder mal helfen kannst. Kennst den Betrieb ja. Die Köchin ist schwermütig und ab morgen rechnet Bunge wegen dieser Bescherung in seinem Laden mit Katastrophentourismus, wie er es nennt."

Ike hakt ihren Vater unter: „Ich bring dich nach Hause. Und du meinst wirklich, ich soll das machen? Andererseits, ein paar Mark für diese Plackerei hätte ich schon verdient."

Und während sie ihren Vater eher schiebt, als dass sie gemeinsam gehen, summt sie Brünnhildes Anrufung an ihren Vater Wotan: „O ihr, der Eide ewige Hüter! Lenkt euren Blick auf mein blühendes Leid, erschaut eure ewige Schuld!"

Barbara: Schutzpatronin der Bergleute
Rammelsberg: Fast 1000 Jahre Abbau von Silber, Kuper, Blei. Weltkulturerbe
Butterhanne: Leicht entblößte Figur am „Brusttuch", Magd des Meisters Thilling, des Erbauers des früheren Gildehauses, das heute ein Hotel ist
Dukatenmännchen: Rechtssymbol am Worth, dem ehemaligen Gildehaus der Fernhandelskaufleute. Verkörpert einen Schuldner, dem das Geld aus dem Hintern geprügelt wird.
Bergmannskühe: Früher Bezeichnung für die Ziegen der Bergleute
Heinrich III.: Bestimmte vor seinem Tod 1056, dass sein Leib in die Erbgruft nach Speyer kommen, sein Herz aber in Goslar bleiben sollte.

Petra Oelker

Vom unheimlichen Wirken einer seltsamen Mitgift auf einer Insel im Moor

Ocko tom Everen starb einen schweren Tod. Sein Leben lang war er ein Mann wie ein Bär gewesen, und dann, plötzlich im Oktober des Jahres 1648, begann sein Sterben. Niemand wusste warum, ihn plagte kein Fieber, sein Leib blähte sich nicht, und seine Haut wurde nicht schrundig, wie es manchmal geschieht, wenn sich eine tödliche Krankheit ankündigt. An einem Morgen stand er nicht mehr auf. Er lag in seiner Kammer, sein Geist kämpfte gegen einen Feind, den niemand außer ihm sah, und seine Kraft schwand mit jeder Stunde. Als seine letzte Nacht begann, trieb der Wind von Aurich her Glockenklang dünn übers Moor. Nicht als Geleit für seinen letzten Kampf, noch schwieg das Totenglöckchen. Nein, es war die große Glocke der Freude mit dem klaren, über viele Meilen hallenden Klang, denn die Boten aus Münster hatten nun auch das Schloss zu Aurich erreicht und bekannt gemacht, dass endlich Friede sei. Vier Jahre lang hatten die Herren in Münster und Osnabrück für ihren Kaiser, ihre Könige und Fürsten um die neue Verteilung der Mächte in Europa gefeilscht, bis sie zur Feder griffen und den Krieg, der dreißig Jahre gedauert hatte, beendeten.

In alle Richtungen der Windrose ritten die Boten, und mit ihnen zog der Klang der Glocken, sprang über Flüsse und Gebirge, von Dorf zu Dorf, von Stadt zu Stadt, von Land zu Land. Millionen Menschen hatte der Krieg das Leben gekostet. Die meisten waren nicht Opfer der Schlachten geworden, sondern seiner Geschwister Seuche und Hunger. Und der endlos wandernden Armeen mit ihren verrohten Söldnern aus aller Herren Länder und dem Gesindel, das ihnen folgte. Sie fielen über Weiler, Dörfer und Städte her, raubten, mordeten, schändeten, schleppten alles Ess- oder sonstwie Verwertbare davon, sogar das Saatgut für das nächste Frühjahr.

Dass der Krieg vorüber war, stand nur auf den Dokumenten. Jetzt zogen marodierende Banden von Heimatlosen durchs Land, mit ihnen die aus den Armeen entlassenen Soldaten, die kein Brot mehr bekamen von ihren Feldherren und jetzt Beute machten im eigenen Namen. Das Reich war verheert, im Süden noch erbarmungsloser als im Norden. Die Äcker ganzer Landstriche lagen brach, weil es dort niemanden mehr gab, sie zu bestellen. Der bevorstehende Winter würde viele weitere Opfer kosten. Der Krieg hatte im Namen der Religionen gebrannt? Viele Leute sagten, es sei jetzt gewiss, dass kein Gott ist.

So sah die Welt aus, in jenem Oktober, in dem Ocko tom Everen starb. Der Krieg hatte auch das östliche Friesland nicht verschont, doch die abgelegene, von undurchdringlichen Mooren durchzogene Region war nur ärmer geworden, nicht verbrannt und verödet. Aber wie überall im Land hatte der Krieg auch hier die Reichen noch reicher gemacht.

Auch Ocko tom Everen. Dennoch war in seinen letzten Stunden kein Pfarrer bei ihm, wie es in einem christlichen Haus sein sollte. Seit Jahren war keiner mehr auf dem einsamen Hof gewesen. Selbst wenn zu diesem Anlass gewiss einer gekommen wäre, ob Ocko gewollt hätte oder nicht, man hatte keinen holen können. Der Everensche Hof lag weitab von den Menschen auf einer Geestinsel im Moor nahe dem Ewigen Meer, und in den letzten Wochen hatte es so viel geregnet, dass der Weg, der von Aurich über Tannenhausen herüberführte und selbst bei besserem Wetter nur für Ortskundige als ungefährlich galt, unpassierbar war. So saß nur Theda, Ockos einzig überlebendes Kind, an seinem Lager. Sie hatte Kerzen angezündet, viel mehr, als Ocko jemals erlaubt hatte, und lauschte bang auf seinen Atem. Einmal, als er begann, sich unruhig herumzuwälzen, nahm sie seine Hand. Vorsichtig, als sei sie zerbrechlich. Oder ein fremdes Ding, das sie nie zuvor gesehen oder gefühlt hatte. Zuerst versuchte er, sich der Berührung zu entziehen, doch dann wurde er ruhiger, gab den Widerstand auf, und seine Hand lag ruhig in der seiner Tochter.

Theda wusste nicht, was sie tun sollte. Das Sterben gehört zum Leben, das wusste sie wohl. Sie hatte ihre Mutter sterben sehen, auch wenn sie sich daran kaum erinnerte, dann ihre beiden jüngeren Brüder, und vor zwei Jahren war Enno gestorben, der alte Knecht und Vertraute, der Ocko sein Leben lang begleitet hatte, auch wenn der Ochsen und Pferde der Everenschen Zucht zu dem großen Viehmarkt nach Köln trieb. Theda war im Moor geboren und aufgewachsen, bis auf die beiden Jahre, die sie bei einer Tante in Emden verbringen musste, um Lesen und Schreiben zu lernen, auch ein wenig Rechnen und vor allem gute Sitten.

Anno 1622, als der in niederländischen Diensten stehende Mansfelder mit achttausend Mann über die Ems kam, um im ruhigen Ostfriesischen zu überwintern, als seine Söldner und Landsknechte so übel im Lande hausten wie die Schwedischen anderswo, flüchteten alle, die es sich leisten konnten, mit ihren

Familien und möglichst viel Hab und Gut ins sichere Emden. Ocko hingegen zog sich mit seiner Familie und seinen Pferden von seinem Marschenhof ins Moor zurück. Durch das Moor, sagten die Leute, würde sich keine Armee wagen, nicht einmal eine Horde marodierender Söldner, das sei wohl gewiss. Doch im Moor könne niemand lange leben, tom Everen sei verrückt. Aber Ocko ließ auf der Geestinsel südlich des Ewigen Meeres aus dem alten kleinen ein großes neues Haus machen, trotzig aus teurem, dauerhaftem Backstein, und mied hinfort die Menschen noch mehr. Auch als der Mansfelder mit seiner Armee gegen hohen Tribut wieder abzog, blieb er im Moor. Anno 1627, im Dezember, kam der kaiserlich-katholische Feldherr Tilly mit seinen Truppen, er blieb vier Jahre. Schließlich, im August Anno 1637, kamen wieder Lutherische, diesmal der Landgraf Wilhelm von Hessen-Kassel, genannt der Beständige, mit seiner Armee, siebentausend Mann. Zugehörig zur französisch-schwedischen Allianz, von den Niederlanden unterstützt gegen die Kaiserlichen, die Habsburger. Immer wieder gab es kleine Scharmützel, aber die Ostfriesen waren nicht einig genug, um sich von der Übermacht zu befreien. So arrangierten sie sich notgedrungen, und die hessische Armee, halbwegs zivilisiert und ohne allzu große Lust auf Kampf, blieb. Als der Landgraf im September starb, kaum fünfunddreißig Jahre alt, setzte sich seine junge Witwe, Landgräfin Amalie Elisabeth, an die Spitze der Armee. Und blieb. Jahr um Jahr um Jahr.

Ocko machte von Anfang an gute Geschäfte mit den Hessen, denn dass tom Everen die besten Hengste züchtete, wusste jeder im Land.

Ein paarmal im Jahr nahm er Theda mit nach Aurich; häufiger, als sie alt genug wurde, sein Haus zu leiten und Einkäufe zu machen. Die alte Quade sagte ihm schließlich, er müsse das Mädchen auch in die großen Häuser führen, zu den Leuten, zu denen sie gehöre, damit sie unter Menschen nicht scheu bleibe wie ein Fohlen. So nahm er sie also mit in die großen Häuser. Aber es gefiel Theda dort nicht, und da es auch Ocko dort nicht gefiel, besuchte sie bald nur noch die Märkte und Läden, um Tuche, Geschirr und anderes zu kaufen, das auf dem Hof gebraucht wurde. Am ersten Sonntag jeden Monats und zu den kirchlichen Festtagen fuhr sie, wenn das Wetter es zuließ, mit Quade in ihrem Zweispänner nach Aurich zum Gottesdienst in der Lambertikirche. In den letzten Jahren konnte es vorkommen, dass eine der ganz alten Frauen, die in den Kirchenbänken saßen und mit blassen Augen beobachteten, wer den Gottesdienst besuchte und wer ihm fernblieb, die schlanke, hochgewachsene junge Frau mit dem rötlichblonden Haar zu den tom Everenschen Plätzen in einer der vorderen Bänke gehen sah und glaubte, Anna tom Everen zu sehen. Thedas Mutter war eine Tochter aus altem Auricher Haus gewesen, ein heiteres Geschöpf mit lichten Farben, freundlich, gütig, frei von Dünkel, und viele glaubten, dass ihr früher Tod Ocko tom Everen so düster verändert hatte. Die alte Quade wusste es besser. Sie sah, hörte und wusste von jeher mehr als andere, aber darüber sprach sie nie.

Sie hatte Anna geliebt wie ein eigenes Kind, so liebte sie Annas Tochter wie eine Enkelin. In Ocko tom Everens letzter Nacht saß sie in einer dunklen Ecke des Sterbezimmers, fühlte die Kälte des Todes, fühlte sie schon lange vor Ocko und wachte über sein Sterben und Thedas Leben. Sie fürchtete sich nicht vor dem Tod, sie war vielen seiner Boten begegnet. Aber dennoch fürchtete sie diesen, Ockos Todesboten, denn sie war nicht sicher, ob er sich mit Ocko begnügen würde. Sie hatte ihn schon vor vielen Nächten gesehen, zum erstenmal, bevor der Sturm begann und der halbvolle Mond sein mattes Licht über den von Heidekraut überwucherten Weg zwischen den grauen Stümpfen der uralten Eschen warf, die Ocko vor vielen Jahren, als der Holzpreis gerade besonders hoch stand, hatte schlagen lassen. Dort hatte sie ihn zuerst gesehen, am Ende des Weges, mitten im Moor. Er trug den roten Schimmer der Gier, und Quade wusste, dass sie auf Theda gut achtgeben musste. Sie hatte kein Mittel gegen den Tod und seine Boten, aber sie wusste, wie mit ihm zu handeln war.

In der vergangenen Nacht war er schon ganz nah gewesen, nun stand er in der Tür und wartete, bis es Zeit war, Ocko mitzunehmen. Im Licht von Thedas Kerzen vermochte Quade nicht mehr zu erkennen, welche Farbe ihn nun umgab.

Sie reichte Theda die Bibel, das Mädchen nickte dankbar und begann, dem Sterbenden daraus vorzulesen. Aus den Psalmen zuerst, dann die Geschichte von der Auferweckung des Lazarus. „Ich bin die Auferstehung und das Leben. Wer an mich glaubt, wird leben, auch wenn er stirbt." Ocko hörte ihre Stimme, sein Atem wurde ruhiger, und Theda schien, dass auch seine Züge, in den vergangenen Jahrzehnten so hart geworden, dass ihn Freunde aus seiner Jugend kaum mehr erkannten, milder wurden. Da nahm sie wieder seine Hand, und zum erstenmal seit vielen Jahren erinnerte sie sich daran, dass es einmal einen Ocko tom Everen gegeben hatte, der lachend nach den Händen seiner Tochter gegriffen, das Kind hoch durch die Luft geschwungen und auf seine Schultern gesetzt hatte.

„Vater...", flüsterte sie. Was sollte sie sagen? Wie nahm man Abschied? Da schlug er die Augen auf, und sie sah, dass er keine Worte mehr brauchte. Er brauchte ihre Hand, ihre Nähe, die Wärme in ihren Augen.

Plötzlich wurde sein Griff fester. Seine Lippen formten Worte, die Theda nicht verstand. „In der Truhe", flüsterte er dann, das verstand sie genau, und: „Der Kasten in der Truhe... ins Moor, tief... niemals, Theda..."

Da sah Quade hinter dem Fenster ein Flackern am Ende des Eschenwegs über dem Nebel, und der Bote trat vor und breitete seinen Schatten über Ocko tom Everen.

Als der Tag anbrach, lag eine große Stille über dem Moor. Das Glockengeläut, von dem noch niemand auf dem Hof wusste, was es bedeutete, war verstummt, und bis auf den posaunengleichen Gesang der weißen Singschwäne, die bei Sonnenaufgang von den kälteren Ländern im Nordosten kamen und hoch am Himmel über den Hof zu ihren Winterquartieren am Rande der Moore zogen, blieb der Tag still. Ockos Leute sagten: Die Schwäne kommen früh in diesem Jahr, der Winter wird hart. Oder: Bald ist Martinstag, dann gibt es Lohn. Oder: Nun kommt bald der Schäfer aus der Heide zurück, die Winterställe für die Schnucken müssen hergerichtet werden. Dann ging jeder seiner Arbeit nach.

Über Ockos Tod sprachen sie nicht, jedenfalls nicht laut. Was wohl daran lag, dass niemand um ihn trauerte, denn er war ein harter Herr gewesen und nicht einmal gerecht. Wem das Leben auf seinem Besitz nicht passe, hatte er stets gesagt, der könne gehen. In diesem Land gebe es keine Leibeigenen, nur freie Friesen. Das mochte stimmen, doch weil die Freiheit der Besitzlosen auch in Friesland nur die Freiheit des Hungers war, ging niemand, der nicht einen anderen Brotherrn gefunden hatte. Keiner, der gegen tom Everen aufbegehrte, würde einen finden. Das wusste jeder.

Nur Quade schien nach dem Tod ihres Herrn noch grimmiger als zuvor. Und Theda? Theda trauerte wohl, aber als die Tage vergingen, zu Wochen wurden, spürte auch sie, dass das Leben leichter wurde auf dem Everenschen Land. Obwohl der November eine für diesen Landstrich zwischen den großen Flüssen und nahe dem Meer ungewöhnlich bittere Kälte brachte, lag nun eine ruhige Heiterkeit über dem Hof, die bald auch von ihr Besitz ergriff. Sie schämte sich dafür, aber Quade, die alles sah, strich ihr übers Gesicht, sah prüfend in ihre Augen und sagte dann: „Unsinn, Kind, die Heiterkeit ist dir eigen, und sie kommt von Gott. Es gehörte zu Ockos Sünden, dass er seine hergab."

Theeda war nun die Herrin der Everenschen Besitztümer. Als der Frost die Wege sicherer machte, ließ sie Cirk, ihren Apfelschimmel, satteln und ritt mit zwei Knechten nach dem alten Marschenhof der Familie inmitten seiner fruchtbaren Äcker und Wiesen, mit seinen Ställen voller Rinder und Milchkühe. Sie fand alles wohl bestellt, und der Verwalter, ein fähiger Mann, erwies ihr seinen Respekt. Sie besuchte auch die Katen der Everenschen Kleinpächter am Rande des Moores, verringerte die Pacht bei einem, dessen Vieh gestorben und der gewiss gewesen war, nun sogleich vertrieben zu werden. In einer anderen Kate ließ sie einen Beutel mit Arnika und Fieberklee für eine kranke Alte zurück und versprach in der nächsten, zur Geburt des ersten Kindes im Frühjahr ein Lamm zu schicken. Sie setzte aber auch einem, der seine Zeit mit Schnapsbrennen vertrödelte, nur seiner Kinder wegen eine letzte Frist. Im März, wenn die Stürme nachließen und der Regen wärmer wurde, wollte sie auch auf dem alten Ochsenweg bis hinunter ins Soestische reiten, wo die meisten der Everenschen Ochsen zur Mast auf fetten Weiden standen. Theda tom Everen, sagten die Leute in den Höfen und Katen und im ganzen Auricher Land, werde eine gute Herrin sein. Wohl auch streng, aber doch gerecht, sie sei klug und habe ein großes Herz, wie auch Anna eines gehabt habe. Vielleicht hatte sie auf ihrer Moorinsel nicht viel von der Landwirtschaft gelernt, aber dass sie über genausoviel Pferdeverstand verfügte und auch zu rechnen wusste wie der selige Ocko, daran zweifelte niemand. Selbst wenn sich das für eine Frau, ganz besonders für eine so junge, unverheiratete, eigentlich nicht schickte. Es sei nur gut, sagten deshalb die Leute, dass Theda Edzard Rowennas Frau werde, sobald das Trauerjahr um sei. Da komme auch Geld zu Geld.

Edzard Rowenna war noch vor wenigen Jahren ein schöner junger Mann gewesen, nun war er nicht mehr ganz so schön, aber immer noch reich wie nur wenige in Aurich. Den Reichtum hatte sein Urgroβvater begründet, Goldschmied zu Zeiten, als die Friesen noch ihren Reichtum zeigten, indem sie ihre Frauen mit viel feingearbeitetem Gold und kostbaren Steinen behängten. Die hohe Zeit der friesischen Goldschmiedekunst war vorbei, doch die Rowennas hatten es verstanden, rechtzeitig in den Handel einzusteigen. Auch wenn der lange Krieg und die teure Besatzungsarmee das Land arm gemacht hatten, gab es doch etliche, die mit dem Geschick der Händler davon reicher geworden waren. Edzard gehörte zu ihnen. Seine Mutter Christine sah das mit Behagen, mit weniger Behagen allerdings sah sie das stolze Gehabe ihres Sohnes. Die Wahl seiner Braut hatte sie nicht verstanden und zunächst auch nicht gutgeheiβen. Das Mädchen aus dem Moor schien ihr gar zu spröde und zu wenig gewandt für das Leben an der Seite ihres Sohnes in der Residenzstadt. Aber vielleicht, so dachte sie nun, war so eine gerade richtig, ihm diese neuen Anflüge von Schlendrian auszutreiben.

Als der Dezember begann, rief sie ihren Sohn zu sich und trug ihm auf, nach dem Everenschen Hof zu reiten. Was dem nicht gefiel. Die Wege, sagte er, seien nicht sicher, zudem müsse er Thedas Trauerzeit respektieren, Trauer sei eine Zeit der Stille und der frommen Einsamkeit. Dem stimmte Christine zu, soweit es vornehme Witwen betraf. Theda aber, so dachte sie, ist jung und reich. Mancher mochte sie auch schön finden. Immerhin war Ockos Tod der Unterzeichnung der Braut- und Eheverträge zuvorgekommen, sie würde nicht dulden, dass die Bequemlichkeit ihres Sohnes die Familie eine gute Partie kostete. Wer wusste schon, ob sich nicht einer fand, der den Weg über das Moor weniger scheute als ihr Sohn.

„Edzard", sagte sie mit diesem milden Lächeln, das er mehr fürchtete als jedes harte Wort, „du wirst reiten, morgen in aller Frühe. Der Weg ist fest genug, und Theda, nun ja, es ist deine Pflicht, ihr beizustehen."

Edzard nickte ergeben. Er wusste, wann es vorteilhafter war, zu schweigen und zu tun, was von ihm erwartet wurde.

So hüllte er sich am nächsten Tag trotz Nässe und Wind in seine Pelze und machte sich, begleitet von seinem Stallmeister und drei Knechten, einem Korb mit gesottenen Kapaunen, und einem zwischen heiße Steine gepackten Krug roten Weines auf den Weg über das Moor, seine Braut einzuladen, den Winter oder doch zumindest das Christfest im bequemen Auricher Stadthaus seiner Mutter zu verbringen.

Bei Tannenhausen, der Wein war trotz der Steine kalt geworden und schmeckte sauer und schal, beschloss er umzukehren. Er starrte in den kalten Dunst über der Ebene, deren bedrohliches Schweigen nicht einmal vom Krächzen einer Nebelkrähe unterbrochen wurde, rieb seine tropfende rote Nase und verfluchte Ocko tom Everen. Wer wusste schon, ob überhaupt stimmte, was der Alte ihm weinschwer in jener Nacht des letzten Ostermarktes erzählt hatte? Wenn Rowenna Theda zur Frau nehme, hatte er gesagt, bekomme er mit ihr nicht nur den Everenschen Besitz, sondern auch ein Mittel, diesen und seinen eigenen Besitz ohne Ende zu sichern und zu mehren. Ein geheimes Mittel aus uralter Zeit, das schon viele reich gemacht habe, das beizeiten weitergegeben werden müsse, und er, Ocko, wisse niemanden, der es besser nützen werde als Edzard Rowenna.

Der hatte gelacht, die Gläser nachfüllen lassen und sich nicht weiter um diese Geschichte gekümmert. Aber Ocko war hartnäckig, er wusste immer, was er wollte, und jetzt wollte er Edzard Rowenna für seine Tochter. Beim Pferdemarkt im Mai hatte er wieder von diesem geheimen Mittel getuschelt. Und weil gerade nichts Besseres zu tun war, hatte Edzard begonnen zu fragen. Was das für ein geheimnisvolles Mittel sei? Woher Ocko es habe? Was man mit ihm tun müsse?

Nichts mit ihm tun, hatte Ocko geflüstert, man müsse ihn nur besitzen. Er habe den Dolch von einem fremdländischen Händler gekauft, und der…

„Ein Dolch?" Wieder hatte Edzard gelacht. „Und gekauft?" Warum verkaufe einer so ein Wunderding um ein paar schnelle Taler, wenn es ihn reich machen könne?

Das wusste Ocko nicht. Auch er hatte den Dolch nur um seiner fremden Schönheit willen gekauft und auf das Geraune von geheimer Kraft nichts gegeben, aber dann habe sich die Macht der alten Waffe schnell und auf eine Weise gezeigt, die keinen Raum mehr für Zweifel ließ.

„Herr, Ihr solltet nicht so lange in dieser Kälte Halt machen." Edzards Stallmeister fand, er habe nun lange genug dem Grübeln seines Herrn zugesehen. „Es tut Euch nicht gut und auch den Pferden nicht. Es wäre besser weiterzureiten."

Edzard sah ihn an, dann wieder in das neblige Land hinaus und nickte. Hinter dem Dorf wurde der Weg morastig und unsicher, doch im letzten Sommer hatten die Bauern die ärgsten Schlammlöcher mit frischen Bohlen ausgebessert, die Pferde suchten sich sicheren Tritt, und Edzard folgte wieder seinen Gedanken. Es stimmte ja. Ocko hatte damals ein oder zwei schlechte Jahre gehabt, und dann, nach jener Reise zum Ochsenmarkt in Köln, wo er den Dolch gekauft hatte, war sein Wohlstand beständig gewachsen. Fünfzehn Jahre musste es her sein. Er war schon vorher ein reicher Bauer gewesen, aber danach – doch, das stimmte tatsächlich – gelang ihm alles. Seine Pferdezucht wurde schnell die beste im Land und weit über die Grenzen hinaus bekannt, sogar bis ins Französische, Weizen und Gerste auf den Feldern seines Marschenhofes gediehen besser als bei den Nachbarn, egal wieviel Sonne die Sommer brachten, und wenn die Wiesen in den nassen friesischen Wintern mal wieder absoffen, wurden seine zumindest nicht sauer. Wenn die Heidschnuckenherden von Krankheiten heimgesucht wurden, blieben seine verschont, und hatte man je gehört, dass eines der Everenschen Tiere auf den langen Trieben zu den Märkten im Rheinischen verendet war? Dass Räuber oder Soldaten Ockos Vieh und Fuhrwerke geplündert hatten, obwohl er niemals mehr Bewaffnete zu ihrem Schutz heuerte als andere?

Bisher hatte Edzard dennoch geglaubt, Ocko tom Everen habe nicht viel Glück gehabt. Seine Frau war plötzlich gestorben, schon vor vierzehn Jahren an irgendeiner kleinen Wunde, die zu eitern begann und ihr Blut vergiftete. Der mittlere Sohn ertrank bei einem übermütigen Bad im Ewigen Meer, obwohl das zwar ein weiter See mitten im Moor war, aber doch flach wie eine Pfütze. Der Älteste starb unter einem umstürzenden Baum, als Ocko die Eschenallee schlagen ließ. Und der Jüngste? Der war schon vor Jahren, fast ein Kind noch, mit den Soldaten davongelaufen und, so hieß es jedenfalls, irgendwo an der Pest gestorben. Aber das wusste keiner genau. Nur Theda war ihm geblieben. Und sein wachsender Reichtum. Das alles hatte Edzard wohl bedacht und schließlich entschieden, dass der Alte Recht hatte. Theda tom Everen war die richtige Braut für ihn.

Edzard fröstelte. Die Moorluft kroch kalt und feucht unter seine Pelze. Sie mussten dem Hof nun schon sehr nahe sein. Wäre es ein sonniger Tag gewesen, hätten sie ihn gewiss schon gesehen.

„Wir sind bald da", sagte der Stallmeister, als habe er die Gedanken seines Herrn erraten. Und dann hörten sie das helle übermütige Wiehern eines Pferdes, ein Hund bellte, und aus dem Dunst erhob sich als dunkler Schatten der mächtige Hof auf der Geestinsel im Moor.

Die kreisrunde Scheibe der Sonne schimmerte kalt durch den Nebel, als Edzard mit seinen Leuten den festen Grund um das Gehöft erreichte. Ein hochbeiniger schwarzer Hund sprang ihnen aufgeregt bellend entgegen, und die Menschen, die bei einigen Pferden auf der Koppel nah beieinander standen, drehten sich nach den Ankömmlingen um.

Schließlich löste sich eine trotz der dicken Tücher schmale Gestalt aus der Gruppe, beschirmte die Augen gegen das diffuse Licht und hob grüßend die Hand.

Da stand sie, nicht scheu und zart, wie es sich für eine Braut gehörte, sondern ganz eine Herrin auf eigenem Land. Sie lächelte, es war auch dieses milde Lächeln, das er so genau kannte und so wenig mochte, und zum erstenmal dachte Edzard Rowenna, warum es denn nötig sei, die Braut und das Land, die ihm beide nur lästig sein würden, zu nehmen, wenn er tatsächlich nur einen alten Dolch von zweifelhafter Bedeutung wollte.

„Edzard Rowenna. Welch überraschender Besuch." Ihre Stimme war so klar und kühl wie ihre grauen Augen. In beiden erkannte er nicht die höfliche Ehrerbietung, die ihm und seiner Stellung angemessen waren, sondern leisen, aber deutlichen Spott.

Dummerweise musste er genau in diesem Moment niesen, gleich dreimal, und die Noblesse und Überlegenheit, mit der er ihr hatte begegnen wollen, waren verloren.

„Seht Ihr? Es war unvernünftig, bei diesem Wetter den weiten Weg über das Moor zu machen. Kommt schnell ins Haus, Quade braut einen guten Tee, der wird Euch wärmen. Ihr kennt Daniel Ettinger?"

Einer der Männer, die bei ihr auf der Koppel gestanden hatten, war näher gekommen und stand nun neben ihr, als sei das sein Platz, was Edzard nicht gefiel.

„Gewiss." Er scheuchte seinen Stallmeister, der ihm, wie sonst stets gefordert, helfen wollte, mit einer ungeduldigen Handbewegung weg und stieg von seinem Pferd. „Wohlauf, Ettinger? Sucht Ihr wieder Hengste für Eure Gräfin?"

Das war eigentlich keine Frage gewesen, aber Daniel Ettinger, der zweite Stallmeister der hessischen Gräfin, neigte grüßend den Kopf und antwortete: „Nein, diesmal für mich selbst. Meine…"

„Soso", unterbrach Edzard kurz, bot Theda seinen Arm und marschierte mit vom kalten Ritt steifen Knien auf das große Haustor zu. Ihm gefiel auch nicht, dass der Ettinger ihnen folgte, als sei er ein gleichgestellter Gast. Er kannte ihn schon lange, als tüchtiger Stallmeister war er ein wichtiger Mann im Gefolge der hessischen Gräfin, das wohl, aber eben doch nur ein zweiter Stallmeister. Was hatte er hier zu suchen? Pferde kaufen. Für sich selbst. Als sei er ein reicher Mann. Edzard schluckte. Vielleicht war der Ettinger ein reicher Mann, obwohl er nie so auftrat.

Die kleine Prozession erreichte das Hoftor. Daniel Ettingers Pferdejunge, offenbar seine einzige Begleitung, führte zwei gesattelte Füchse heran, und kurz darauf war der Hesse im Dunst verschwunden. Das Fräulein, fand Edzard, sah ihm länger nach, als es einem beliebigen Pferdekäufer angemessen war.

Theda führte ihren Gast in die Stube, wies ihm den Lehnstuhl vor dem Feuer, und gleich darauf brachte Quade den Tee. Edzard hätte ein heißes Bier oder einen Schuss Kornbrannt vorgezogen, aber er nippte brav an dem dampfenden Becher. Dann erst schälte er sich aus seinen Pelzen, und dann erst fiel ihm ein, dass er versäumt hatte, seiner Braut Geschenke mitzubringen. Er sandte einen grimmigen Gedanken an seine Mutter, die ihn nicht daran erinnert hatte. Sie wusste doch, dass er Wichtigeres zu bedenken hatte als Firlefanz.

Theda saß ihm gegenüber, sehr aufrecht in ihrem hochgeschlossenen Kleid aus feiner dunkelblauer Wolle, und ihr helles Gesicht unter dem blonden Haar schimmerte rotgolden im Licht der Glut. Vielleicht, dachte Edzard, war es doch nicht so schlecht, außer dem Dolch auch die Frau und den Besitz zu bekommen. Er verstand sich gut auf das Geplauder mit Damen, aber unter Thedas Blick, freundlich, auch neugierig, aber doch so gar nicht sanft und ergeben, fiel ihm nichts ein, worüber er plaudern könnte. So richtete er die Grüße seiner Mutter aus, überbrachte ihre Einladung, und gerade noch rechtzeitig fiel ihm ein hinzuzufügen, dass es auch ihm eine große Freude sein werde, Theda, seine verehrte Braut, zumindest über die Christtage in seiner Nähe zu wissen. Bei dieser Gelegenheit, natürlich erst nach den heiligen Tagen, könne man auch endlich die Verträge unterzeichnen, die er mit Ocko, Gott habe ihn selig, vorbereitet habe. Natürlich stehe er auch nach Ockos Tod zu seinem Wort, und selbst wenn das Trauerjahr noch dauern werde, sei es gewiss zu ihrer, Fräulein Thedas Beruhigung, wenn alles seine Ordnung habe.

Theda blickte still ins Feuer. „Ich bin Euch und Eurer Mutter dankbar für die Einladung in Euer Haus", sagte sie schließlich, „es ist eine Ehre. Ihr werdet jedoch verstehen, dass ich gerade in diesen Tagen mein Haus und meine Leute nicht verlassen kann."

Das verstand Edzard absolut nicht, aber da sie nun schwieg und offensichtlich nicht bereit war oder keine Notwendigkeit sah, weitere Erklärungen abzugeben, schwieg auch er. Theda schien die Unbehaglichkeit des Schweigens nicht zu spüren. Sie lächelte sanft in die Flammen, ihre Hände ruhten in ihrem Schoß, und so blieb Edzard nichts, als bald wieder aufzubrechen. Der Weg sei weit, und wenn er vor der Dunkelheit sicheren Grund erreichen wolle, müsse er eilen. Gewiss, sagte Theda – immer wieder dieses lächelnde „Gewiss"! – es rieche nach Schnee, sie wolle ihn nicht aufhalten, aus Sorge um seine Sicherheit. Er möge seiner Frau Mutter die ehrerbietigsten Grüße ausrichten. Falls das Wetter es erlaube, werde sie am Christtag zum Gottesdienst in die Stadt kommen und, wenn es genehm sei, anschließend ihre Aufwartung machen.

Edzard hätte gerne nach dem Dolch gefragt. Aber wie hätte er das tun sollen? Er könnte sagen: Euer Vater war mir ein lieber Freund, nichts würde mich glücklicher machen, als ein Andenken an ihn zu tragen. Er hat da von einem Dolch geredet, einer schmucken, aber ganz unbedeutenden alten Waffe, die einer Frau kaum zu tragen ansteht. Wenn Ihr ihn mir verkaufen wollt, damit ich sein Andenken ehren kann…

Nein, das war nicht gut. Zum einen war Ocko niemandes Freund gewesen. Wer wusste das besser als Theda? Zum anderen erbat man nicht ein wertvolles Stück aus der Hinterlassenschaft eines Toten, egal, wie reich er gewesen war. Schon gar nicht, wenn man dessen Besitz sowieso bald zu erheiraten gedachte. Nein, das war gar nicht gut. Zudem: Edzard war ein erfahrener Händler. Er wusste, dass es nur von Nachteil sein konnte, das, was man sich am stärksten wünschte, als begehrenswert zu verraten. Aber er konnte sich den Dolch als Hochzeitsgabe erbitten. Ja, das war besser, viel besser. Als Hochzeitsgabe von seiner Braut im Andenken an ihren Vater. Das war nur recht und billig und nach altem Brauch. So würde er es machen. Auch wenn es ihm gar nicht passte, so lange warten zu müssen. Das Jahr war hart gewesen, seine Geschäfte konnten ein kleines Wunder brauchen.

Erst als er den Bohlenweg bei Tannenhausen erreichte, es dämmerte schon, und den Dunst des Moores endlich hinter sich ließ, fiel ihm auf, dass Theda nichts zu der Unterzeichnung der Verträge gesagt hatte. Er erinnerte sich auch erst jetzt daran, dass sie dem Ettinger zum Abschied die Hand gereicht, ihm, ihrem Bräutigam, hingegen nur zugewinkt hatte. Auch der Ettinger hatte mit Ocko Geschäfte gemacht. Der Hesse war ein Fremder, aber man hatte ihn oft mit dem alten tom Everen gesehen. War er, Edzard Rowenna, womöglich nicht der einzige, dem Ocko von dem Dolch und seiner seltsamen Kraft erzählt hatte?

Und Theda? Wusste sie darum? Oder stand sie nun gar bei ihren Pferden auf der Koppel und lachte über ihn, weil sie etwas ganz anderes wusste? Nämlich dass Ocko ihm eine phantastische Lügengeschichte aufgebunden hatte, damit er Theda zu seiner Frau machte?

In dieser Nacht schlief Theda wenig und unruhig. Immer wieder erwachte sie aus flachem Schlaf. Der Sturm, dachte sie dann, es ist nur der Sturm. Aber sie wusste, dass das nicht stimmte. Wohl heulte es um das Haus, seit gegen Mitternacht der Himmel klar geworden und ein scharfer Nordwest aufgekommen war. Aber nein, es war nicht der Sturm, es waren die Träume, die ihr in dieser Nacht die Ruhe raubten. Sie kamen nicht zum erstenmal, aber nie zuvor waren sie so deutlich und so bedrängend wie in dieser Nacht nach dem Besuch Edzard Rowennas. Und Daniel Ettingers.

Sie träumte oft, aber sie hatte doch immer gewusst, dass es nur Träume gewesen waren, an die sie sich am Morgen erinnerte. In den letzten Wochen war sie nicht mehr so sicher, und besonders in dieser Nacht vermochte sie nicht zwischen Bildern des Schlafs und des Wachens zu unterscheiden. Da war Ocko gewesen, jung und froh, wie sie ihn aus ihren Kinderjahren in Erinnerung hatte, sein Gesicht glatt und ohne den Bart seiner späten Jahre, das Haar schwarz und stark. Sie hatte es nicht berührt in diesem Traum, aber doch gewusst, dass es weich war und nach frischem Heu roch. Und dann kam Licht, von dem sie nicht glaubte, dass es in ihrem Traum geflackert hatte, sondern hinter dem Fenster über dem Moor leuchtete. Es war ein helles Licht und doch voller Düsternis, weiß, und am Ende wartete ein rötlicher Schimmer. Der wurde langsam größer, und plötzlich sah sie wieder Ocko, nun alt, narbengesichtig und struppig, mit harten Händen und flehenden Augen, er flüsterte etwas, immer wieder etwas, das sie nicht verstehen konnte. „Vater", wollte sie rufen, „sprich lauter, Vater. Sag mir, was ich wissen muss." Aber ihre Stimme blieb ohne Ton. „Ins Moor", flüsterte er, und sein Atem rasselte wie in seiner letzten Stunde, „tief ins Moor."

Dann war sie erwacht, nass von Schweiß und frierend von der Kälte der Nachtluft. War aus ihrem Bett gesprungen auf der Flucht und glaubte hinter dem Fenster immer noch das Licht zu sehen. Doch das war unmöglich, da konnte kein Licht sein, und als sie zornig vor Angst die Fensterflügel aufstieß, war es tatsächlich verschwunden. Sie atmete tief die kalte Luft. Kein Laut drang herein, nicht einmal das unruhige Scharren der Hufe der Tiere, die in langen Reihen in ihren Ställen unter dem gleichen Dach standen. Da war nur noch der Wind, die Nacht war schwarz wie das Wasser der Tümpel im Moor, die alles und für die Ewigkeit verschlangen, was ihnen zu nahe kam.

Edzard war nicht in ihrem Traum gewesen, doch er war es, an den sie beim Erwachen gedacht hatte. Als sei er doch in dem Traum gewesen, nahe bei Ocko.

Sie hatte nichts gegen die Heiratspläne ihres Vaters für sie einzuwenden gehabt. Sie kannte Edzard nur wenig, aber er war ihr nicht schlechter als andere erschienen. Nun war sie nicht mehr so sicher. Sie schloss behutsam das Fenster, zündete eine Kerze an und wickelte sich in das große Wolltuch, das ihr Bett bedeckte. Sie hatte etwas Seltsames gespürt, als er heute mit ihr vor dem Feuer saß. Sie suchte nach dem richtigen Wort.

Begehrlichkeit, fiel ihr ein, aber sie glaubte nicht, dass es das war. Er hatte sie stets höflich behandelt, hatte sich auch bemüht, heitere Reden mit ihr zu führen, wenn sie im Haus seiner Mutter zu Besuch war, im letzten Sommer, als sie sehr wohl wusste, dass diese Besuche mehr bedeuteten als die früheren in anderen Häusern. Einmal, als niemand hersah, hatte er sogar einen Finger unter ihr Kinn gelegt, aber es schien ihm keine Freude zu bereiten. Damals hatte sie nichts gespürt, was Begehrlichkeit sein konnte. Dennoch, heute vor dem Feuer war da etwas gewesen. Es hatte ihr nicht gefallen, und nun gefiel es ihr noch weniger. Daniel Ettinger hatte sie niemals so berührt. Aber das hätte ihr gefallen. Das letzte war nur ein flüchtiger Gedanke, sie schob ihn eilig weg. „Tief ins Moor", hörte sie wieder das Flüstern, „tief... der Kasten." Das war nicht in ihrem Traum gewesen. Oder hatte sie es nur vergessen? Immer vergaß man das Wichtigste aus den Träumen.

„Warum schläfst du nicht, Kind?" Theda drehte sich erschrocken um. Quade stand hinter ihr, in einem langen leinenen Nachtgewand, ein dickes braunes Tuch fest um Kopf und Schultern gewunden. Sie hatte sie nicht kommen gehört. Nur Quade konnte über die Dielen des Hauses gehen, ohne dass sie knarrten.

„Geh zu Bett, Theda, es ist keine gute Nacht." Die Alte griff nach dem herunterhängenden Vorhang und schob ihn wieder auf den Haken. „Keine gute Nacht", murmelte sie noch einmal. „Geh zu Bett und sieh nicht aus dem Fenster. Mitten in der Nacht."

Theda lächelte. Es war nicht Quades Art, Sorge zu zeigen. Sie habe nur geträumt, versicherte sie, gleich werde sie wieder schlafen, Quade solle nur in ihre Kammer gehen.

Die Alte sah das Mädchen an, das in den letzten Monaten so erwachsen geworden war, sah sie schweigend an. „War da ein Licht?", sagte sie schließlich. „In deinem Traum? Kümmere dich nicht um das Licht, Theda. Es ist nicht wirklich."

„Geh schlafen, meine Alte. Da war kein Licht. Du siehst doch selbst, wie schwarz die Nacht ist." Theda wusste nicht, warum sie log. Aber log sie denn? Da war tatsächlich kein Licht. Und war Quades Frage nicht auch seltsam? So seltsam wie das Gefühl, das bei dieser Frage von ihr Besitz ergriff? Ein Gefühl von Kälte, das dennoch angenehm war, eine kalte Stärke.

Quade erschien ihr plötzlich sehr klein und sehr weit entfernt. Sie war immer da gewesen, Theda kannte kein Leben ohne sie. Nun betrachtete sie die Alte und dachte, wie lange sie noch kräftig genug sein würde, für ihr Brot zu arbeiten. Sie erschrak vor diesem Gedanken, umarmte die alte Frau rasch und schickte sie fort: „Geh schlafen, meine Gute. Der Morgen kommt schnell, und er bringt viel Arbeit."

Sie hörte ihrer eigenen Stimme zu und fragte sich, warum sie ihr so fremd erschien. Das war gewiss nur eine Folge der Träume. Quade verschwand, glitt davon, geräuschlos wie immer. Theda hob den Vorhang und warf einen letzten Blick in die Nacht hinaus. Nein, da war kein Licht.

Geh zu Bett, hatte Quade gesagt. Aber Theda ging nicht zu Bett. Sie nahm die Kerze, und als wüssten ihre Füße ganz von allein, was sie tun mussten, ging sie in Ockos Kammer, achtete nicht auf das Knarren der Dielen, spürte nicht die klamme Kälte des Raumes, den sie seit dem Tod ihres Vaters nicht mehr betreten hatte. Sie stellte den Leuchter auf den Tisch, dann öffnete sie die große Truhe neben Ockos Bett.

Ihre Hände fanden das Kästchen schnell. Es war aus poliertem Holz, so schwarz, wie sie nie zuvor welches gesehen hatte. „Tief ins Moor", flüsterte es in ihrem Kopf. Aber sie achtete nicht darauf, sie öffnete das Kästchen und sah, gebettet auf dunkelblauem Samt, einen Dolch. Er musste alt sein, älter als Ocko, älter als alle Vorfahren der alten Häuptlingsfamilie, von denen er früher erzählt hatte. Die lange, schmale Klinge war matt, der Griff aus schwerem Metall, eine Gravur auf der Klinge war im Kerzenlicht nur schwach zu erkennen. Da war am Anfang ein K, dann ein A, am Ende ein U und ein S. Was mochte das bedeuten? War es ein Name? Der Name dessen, der diese Waffe zuerst besessen hatte? Vor wie langer Zeit?

Die Zeichen des Alters und des Gebrauchs verbargen die Kostbarkeit des Dolches nicht. Die Steine, die ihn schmückten, leuchteten im matten Schein der Kerze auf, als glühten sie im Licht des Mittags, wenn die Sonne am höchsten stand. Es waren Rubine und Granate, und einer in ihrer Mitte, der größte, war von klarem Grün. Das konnte nur ein Smaragd sein. Theda hatte niemals einen gesehen, aber sie hatte von diesen Edelsteinen aus den Ländern weit westlich des südlichen Ozeans reden gehört. Sie standen im Ruf, heilende Kräfte zu haben und den Liebenden und den Königen zu dienen. Einer der Edelsteine war aus seiner Fassung gefallen und lag auf dem Samt. Ein besonders großer Stein, wie ein Granat, jedoch mit einem violetten Schimmer und glatt wie schwere Seide.

Theda strich mit den Fingerspitzen über den Schaft, berührte die Steine, und ihr schien, als sei die alte Waffe von einem rotgoldenen Leuchten umgeben, das alles umschloss, was mit dem Dolch verbunden war, auch sie selbst. „Tief ins Moor", hatte die sterbende Stimme ihres Vaters, hatte auch die Stimme in ihrem Traum gefleht. Hatte er diesen Dolch gemeint? Sollte sie ihn im Moor versenken? Dann konnte es nicht die Stimme ihres Vaters gewesen sein. Ocko hätte niemals erlaubt, eine solche Kostbarkeit im Moor zu versenken.

Im Dunkel des Ganges von Ockos Kammer zur großen Diele stand Quade. Sie hatte das rostige Schaben der Scharniere gehört und wusste, nun würde alles noch einmal beginnen. Noch mehr Reichtum, um den Preis von Liebe und Zufriedenheit. Noch mehr Leid.

Im Februar, es war immer noch Friede, doch die Hessen waren auch immer noch im Land, sprach man überall davon, dass die hessische Gräfin vier Hengste aus der Everenschen Zucht für ihre heimatlichen Ställe gekauft habe. Die Hoffnung, die Hessischen würden nun bald abziehen, wuchs. Theda tom Everen, so hieß es, habe einen Preis erhandelt, den selbst Ocko niemals zu fordern gewagt hätte. Zwei der Hengste, aber das, wurde nur geflüstert, sollten tatsächlich Geschenke für den Kaiser sein, und jeder, der auf sich und seine Ställe hielt, beeilte sich, auch einen Everenschen Hengst zu kaufen. Aber Theda war spröde, vertröstete auf den Frühsommer, auf die Zeit nach der Körung, und verkaufte doch, wenn der gebotene Preis in ähnlich schwindelnde Höhen kletterte wie bei ihrem Handel mit dem Beauftragten der Gräfin. Beinahe, so sagten die Leute auf dem Auricher Viehmarkt, habe sie sogar Cirk an den Bischof zu Münster verkauft. Der Hengst habe sich jedoch bei der Vorführung so wild gebärdet, dass der bischöfliche Beauftragte etwas von Satansvieh gemurmelt und eilig den Hof verlassen habe. Aber diese Geschichte glaubte niemand im Auricher Land. Cirk, das wusste jeder, war nicht nur einer der besten Everenschen Zuchthengste, Theda liebte ihn auch wie kein anderes Tier (manche sagten sogar: wie kein anderes Wesen unter dem Himmel), seit er als Einjähriger aus der Wildpferdeherde auf Juist gefangen und auf den Everenschen Hof gebracht worden war. Niemals würde sie ihn verkaufen. Es sei denn, Theda tom Everen wurde nun doch wie Ocko.

Man hatte sie lange nicht mehr gesehen in Aurich. Nicht einmal zum heiligen Christfest war sie gekommen, die Wege seien zu schlammig gewesen, hörte man von dem Hof im Moor. Das mochte stimmen oder nicht. Für den Ettinger jedenfalls, den zweiten hessischen Stallmeister, waren sie es nicht. Selbst im Januar, der zuerst schneeigen Regen und schließlich noch mehr Nebel gebracht hatte, sah man ihn ins Moor reiten. Aber auch ihm schien dieser Weg nun beschwerlicher zu sein. Wenn er früher zurückgekommen war, im Spätsommer vor Ockos Tod und noch bis zum letzten Christfest, war seine Miene stets heiter gewesen. Es kam sogar vor, dass er seinen Fuchs bei der Heimkehr voller Übermut über die Auffahrt zum Schloss hinaufjagte, als sei er ein Junge und nicht ein Mann von schon bald dreißig Jahren in würdiger Stellung. Nun brachte er frostige Kälte mit zurück, und sein Pferdejunge, der ihn auch jetzt als einziger begleitete, musste manchen ungerechten Rüffel einstecken. Darüber redete niemand, es erschien den Leuten nicht wichtig. Edzard Rowenna, dem es allerdings sehr wichtig erschien, erfuhr es trotzdem und war zufrieden.

Auch er hatte sich wieder auf den Weg über das Moor gemacht, und auch diesmal kehrte er noch am gleichen Abend nach Aurich zurück. Seine Leute, die ihn begleitet hatten, sagten, er sei sehr verstimmt. Fräulein Theda habe ihn höflich empfangen, aber – natürlich wisse man das nicht so genau, wer wage schon zu lauschen, wenn der Rowenna mit seiner Braut rede – aber das Fräulein sei doch sehr viel harscher gewesen als bei seinem letzten Besuch vor dem Christfest. Sowieso seien ihre Züge kälter geworden, was gewiss nur an der vielen unweiblichen Arbeit und dem harten Winter liege, dennoch, ihr Blick, ihr ganzes Wesen scheine nicht mehr so heiter, wie man es gekannt hatte. Tatsächlich habe sie begonnen, mit dem Rowenna über den immer noch nicht unterzeichneten Ehevertrag zu streiten, nun, eigentlich habe sie nicht gestritten, nicht einmal habe sie ihre Stimme erhoben. Aber auch wenn man es natürlich nicht genau sagen könne, so sei doch gewiss, dass sie jetzt zumindest eine weitaus höhere Brautgabe fordere und eine Erbregelung, die dem Rowenna völlig unannehmbar sein musste. In Theda, so sagten die Leute nun, fließe eben doch mehr von Ockos als von Annas Blut.

Der Februar ging ungewöhnlich milde und trocken zu Ende. Die Singschwäne und wilden Gänse sammelten sich schon für ihren Flug nach Nordosten, der Sommer würde in diesem Jahr früh kommen. An einem dieser lieblichen Tage ritt Edzard Rowenna wieder über das Moor. Das Jahr hatte für ihn schlecht begonnen. Nicht nur seine unbequeme, störrische Braut machte seine Tage beschwerlich. Schon im vergangenen Jahr waren ihm nicht nur gute Geschäfte gelungen, das hatte seinem Haus geschadet, aber seinen Wohlstand noch nicht bedroht. Aber nun hatte er sich auf einen Handel eingelassen, der nicht dem guten Brauch entsprach, so nannte er es jedenfalls für sich. Er hatte ertragreich betrügen wollen und war dabei selbst einem Betrüger aufgesessen, der sich auf diese Dinge sehr viel besser verstand als er. Der war nun auf und davon, mit viel zuviel von Edzards Geld, und hatte ihm nur die falschen Wechselbriefe zurückgelassen. Der Teufel mochte wissen, warum er sich auf so etwas eingelassen hatte. Nun war auch noch ein Emder Schiff verschollen, an dem er hoch beteiligt war, und es gab kaum mehr Hoffnung auf eine verspätete Rückkehr. Es galt als sicher, dass es vor der französischen Küste Korsaren in die Hände gefallen und auf Nimmerwiedersehen verschwunden war. Mit Mann und Maus und Ladung. Es war eine kostbare Ladung gewesen, feine Tuche und edle Hölzer, Zucker und französische Weine. Auch viel Silber aus den spanische Kolonien, aber von dem hatte niemand gewusst. So wusste auch niemand, wie schlecht es um das Haus Rowenna stand. Nicht einmal Christine. Das war das einzige, das Edzard ein wenig besser schlafen ließ. Seine Mutter würde ihm seine Leichtfertigkeit niemals verzeihen, deshalb durfte sie auch nie erfahren, welchen Schaden er seinem Haus und Erbe zugefügt hatte.

Als Edzard und seine Männer hinter Tannenhausen in den Moorpfad einbogen, standen drei Gestalten am Weg, schmutziges mageres Gesindel. Keiner zog ehrerbietig die Mütze, keiner beugte sich, Edzard glaubte ihre frechen Blicke noch lange im Rücken zu spüren. Es zog nun immer mehr Lumpenpack herum, ehemalige Kätner und Knechte, jetzt ohne Land, Lohn und Brot zu Dieben und Bettlern geworden. Schwächlinge und Taugenichtse, dachte Edzard. In harten Zeiten zeigte sich eben, wer etwas wert war und wer nicht.

Der Pfad schien ihm morastiger denn je. Die Pferde gingen langsam und schwer, suchten Schritt um Schritt auf dem schwarzen, schwankenden Boden. Der Stallmeister der Rowennas kannte das Moor, er kannte auch diesen Weg, Edzard vertraute ihm und seiner Erfahrung. Die Sonne schien matt, und das Moor, dessen Schönheit Edzard nie hatte erkennen können, reichte ihm als feindliche Öde bis zum Horizont. Irgendwo im Norden begannen das Watt und die See, nur eine Tagesreise entfernt, wäre das Moor in dieser Region nach Norden hin nicht undurchdringlich gewesen. Dazwischen, bis auf den grünen Streifen der fruchtbaren nördlichen Marsch vor ihren Deichen, nichts als nasse schwarze Erde, tückisch und tödlich für die, die sie zu betreten wagten, darin schwankende Inseln von winterbraunem Sumpfgras, schwarz glitzernde Tümpel. Dann in der nahen Ferne die unter dem hohen Himmel kaltblau schimmernde Fläche des Ewigen Meeres, jenes Sees, in dem einst Ockos mittlerer Sohn ertrunken war. Edzard blickte zum Himmel, als könne er sich an dessen Helligkeit laben, aber er sah sich nur geblendet. Nicht ein Vogel war zu sehen. Das Moor, in dem es im Sommer bei aller Stille doch summte und lebte von all den seltsamen Vögeln und Insekten, die diese Landschaft zu ihrer Heimat gewählt hatten, lag trotz der frühlingshaften Milde des Tages in bedrückender Lautlosigkeit.

Edzard hätte seinem Stallmeister gerne einen schnelleren Gang befohlen, aber er wusste, dass das unmöglich war. Also kroch er tiefer in seinen Umhang aus dickem schottischen Tuch und überlegte, was er Theda sagen wollte. Er musste nun klug sein. Besser noch: listig. Der Notarius, der mit dem Pferdejungen hinter ihm ritt, trug den Ehevertrag in seiner Tasche. Heute *musste* sie ihn unterzeichnen. Nur diese Unterschrift, die ihm schon bald die Verfügung über den ganzen Everenschen Besitz sicherte, würde ihm neue Kreditgeber bringen.

Und wenn ihm das nicht gelang? Dann musste er den Dolch bekommen. Der Vertrag war das Wichtigste, natürlich, alles andere war nur Spökenkram, unsicher, reine Spekulation. Dennoch, so sehr er sich auch dagegen wehrte, er dachte immer nur an den Dolch. Er sah ihn in seinen Träumen, jedesmal war er blitzender und prächtiger, und manchmal, wenn er erwachte, fühlte er noch den Schaft in seiner Hand, als habe er in der Nacht die Klinge geführt, gegen einen Feind, einen Fremden, der ihn vernichten wollte. Es war stets ein siegreiches Gefühl, und nach diesem Gefühl, das für ihn unlösbar mit dem Besitz des tatsächlichen Dolches verbunden schien, war er nun gierig wie nach nichts sonst.

Der Dolch, hatte Ocko gesagt, müsse weiterwandern, er wisse auf geheimnisvolle Weise selbst, wer ihn am besten zu nutzen verstehe. Spökenkram. Dummer heidnischer Spökenkram. Und doch. War es nicht vielleicht tatsächlich der Dolch selbst, der nach Edzard strebte, der dieses Begehren in ihm auslöste, das er zuvor für nichts und niemanden gekannt hatte? Er musste ihn bekommen.

Es würde nicht leicht sein. Der Dolch konnte ihr inzwischen nicht mehr nur irgendeine alte Waffe aus dem Nachlass ihres Vaters sein, kostbar, aber sonst ohne Bedeutung. Er wusste, dass sie ihn trug. Was sollte es sonst gewesen sein, was er bei seinem letzten Besuch im Januar in dem feinledernen Futteral an ihrem Gürtel gesehen hatte, als ihr Umhang einmal aufwehte. Warum hatte er nicht einfach gefragt: „Was tragt Ihr an Eurem Gürtel, Theda?" War es nicht ungewöhnlich genug, ja unschicklich für eine Frau von guter Herkunft, eine Waffe zu tragen wie in den rauen Zeiten, als die alten heidnische Götter noch regierten? Er hatte nicht gefragt, aus kindlich dummer Scheu, sie könnte die Gedanken hinter seinen Worten hören. Das war ungeschickt gewesen, nun gut, heute wollte er es besser machen. Er wusste noch nicht wie, aber war ihm nicht stets zur rechten Zeit ein guter Einfall gekommen?

Eine Rohrweihe flog auf, ihr kurz keckernder Schrei und heftiger Flügelschlag schreckten ihn aus seinen Gedanken; sein Rappe begann vor dem großen dunklen Vogel nervös zu tänzeln, und nur wenige Ellen vor einem glucksenden Wasserloch gelang es Edzard, ihn wieder zu beruhigen. Er schwitzte und verfluchte die Frau, die ihm diese Schrecken und Mühen auferlegte.

Wieder stand eine kleine Gruppe von Menschen am Rande der Koppel, schwarze Silhouetten gegen die wintertiefstehende, dunstig verhangene Sonne, als Edzard den Hof erreichte. Wieder löste sich Thedas schmale Gestalt und schritt ihm langsam entgegen, wieder folgte eine zweite. Daniel Ettinger, Cirk am Zügel mit sich führend. Für einen Moment glaubte Edzard sich in einem Traum, der sich Nacht für Nacht wiederholte. Er neigte grüßend den Kopf und stieg von seinem Rappen.

Über das, was dann geschah, wurden später die unterschied-
lichsten Geschichten erzählt. Aus der Schreibstube im Auricher
Schloss, in der Edzards Notarius häufig verkehrte, hörte man, es
sei gleich zum Streit gekommen. Auf dem Pferdemarkt im April
hieß es, man habe zuerst gespeist und auch Wein getrunken, jedenfalls müsse der Rowenna getrunken haben, niemals hätte er
sich sonst zu einem solchen Handeln hinreißen lassen. Die Kü-
sterin von Lamberti schließlich, eine wahrhaft fromme Frau, wusste zu berichten, dass die alte Quade an allem schuld sei, die habe
von jeher den bösen Blick.

An jenem Tag im Februar jedenfalls kam es zum Streit, egal ob
mit oder ohne Wein, egal ob Theda oder Edzard die ersten harten Worte gesprochen hatte. Alle, die dem Spektakel beiwohn-
ten, in respektvoller Entfernung, aber doch nahe genug, konnten
klar und deutlich hören, wie Theda schließlich dem Rowenna
sagte, sie denke nicht daran, den Vertrag zu unterschreiben, sie
denke überhaupt nicht mehr daran, ihn zu heiraten. Schon gar
nicht denke sie daran, mit ihrem Besitz seine leere Kasse zu fül-
len. Woher sie damals schon vom Rowennaschen Niedergang
wissen konnte, verstand niemand. Auch Edzard nicht, er verbat
sich die Beleidigung, und da lachte Theda. Er solle sich doch
eine reiche Tochter in Emden suchen. Dort sei eine vielleicht
dumm genug, einen wie ihn…

Dann ging alles sehr schnell. Noch einmal lachte Theda und
da stürzte Edzard Rowenna auf sie zu, stieß sie zurück, ob blind
vor Zorn oder vor Verzweiflung, wer wusste das zu entscheiden?,
und griff nach der Waffe an ihrem Gürtel. Das Futteral zerriss,
und da stand Edzard, den Dolch erhoben, bebend vor Erregung.
Die Menschen auf der Koppel erstarrten, Daniel Ettinger jedoch
ließ Cirks Zügel los und sprang nach vorn, fiel dem Rowenna in
den Arm, der stach wütend zu, einmal, zweimal, und der Ettinger fiel mit blutender Brust. Blitzschnell griff Edzard in die lange
Mähne des Apfelschimmels, schwang sich in den Sattel des zor-
nigen Tieres und drückte ihm die Stiefel in die Flanken, der Hengst
stieg, dann sprang er mit einem großen Satz nach vorn und ga-
loppierte davon. Doch er raste nicht hinüber auf den Weg nach
Aurich, er flog gleichsam über den heidekrautüberwucherten Weg
zwischen den Eschenstümpfen direkt ins Moor, verschwand im
Dunst, der dort, obwohl die Sonne doch erst im Mittag stand,
rötlich gleißte wie bei Sonnenuntergang.

Am nächsten Tag fand man Edzard Rowenna am Rande des Moores nicht weit von Marienhafe. Niemand konnte sich erklären, wie er dorthin gekommen war. Er war tot, mit zerschlagenen Knochen und ausgeraubt bis aufs Hemd. Seine kostbaren Stiefel und Kleider, die Ringe und die goldene Kette an der Weste – alles war verschwunden. Auch einen Dolch fand man nicht bei ihm. Fremde Soldaten, nach dem Ende des Krieges auf dem Weg in ihre ferne Heimat, hatte ihn ausgeraubt. Oder einige dieser heimatlos gewordenen Landleute, die man als Landstreicher nun auch in Friesland immer öfter traf. Wer sonst? Ob die ihn auch erschlagen hatten, blieb ungewiss. Man hatte schon oft erlebt, dass die Hufe wilder Hengste zu mörderischen Waffen wurden. Aber war das nicht unmöglich? Niemals konnte es Cirk gelungen sein, einen Weg durch das Moor nach Marienhafe zu finden. Es gab dort einfach keinen. Cirk, daran bestand kein Zweifel, war im Moor versunken. Als im Sommer einer von den Inseln herüberkam, der früher in den Everenschen Ställen Pferdejunge gewesen war, und behauptete, bei den Wildpferden auf Juist habe ein fremder Hengst die Führung der Herde übernommen, er müsse übers Watt vom Festland gekommen sein und sehe genauso aus wie Cirk, glaubte ihm das niemand.

Und Theda? Niemand wusste, ob sie um Edzard trauerte, ob sie ihn hasste oder ob sie ihm verziehen hatte. Sie sprach niemals wieder über Edzard Rowenna. Sie kam in den nächsten Wochen nicht nach Aurich, sondern blieb auf ihrem Hof im Moor und pflegte den Ettinger, bis seine Wunden genug verheilt waren, dass er wieder zu den hessischen Ställen in der Stadt zurückkehren konnte. Edzard hatte nicht gut gezielt, und auch wenn es einige Zeit ungewiss gewesen war, ob der Ettinger seinen Wunden erliegen werde, gewann er bald seine alte Kraft zurück.

Danach sah man Theda wieder öfter in Aurich. Immer in Begleitung Quades, von der es in den ersten Februarwochen geheißen hatte, sie werde den Winter nicht überstehen, eine Mattigkeit habe sie ergriffen, sie sieche dahin, von Theda nur im Nötigsten gepflegt. Nein, die alte Quade war wieder grimmig wie stets und bei all ihrer Hagerheit kräftig und gesund. Theda, das spürten die Auricher schnell, hatte die Härte, die so sehr an Ocko erinnert hatte, wieder verloren. Mehr denn je glich sie in diesem Sommer Anna, ihrer freundlichen Mutter. Zum Pfingstfest hatte sie gar der Lambertkirche einen silbernen Taufpokal gestiftet, den ein beachtlicher Stein schmückte, rot wie Granat, aber mit seltsam violettem Schimmer.

Als der Mai kam, verließ der Ettinger mit einer kleinen, aber schwerbewaffneten Abteilung der hessischen Armee das Land, um die Everenschen Hengste, die die Gräfin im vergangenen Winter gekauft hatte, nach Kassel zu bringen. Die beiden Stuten und den Hengst, die er selbst von Theda gekauft hatte, ließ er in ihren Ställen im Moor zurück. Sie würden dort auf ihn warten. Aber das wusste nur Theda. Und Quade, die immer alles wusste.

Das nächtliche Licht am Ende der toten Eschenallee tauchte nie wieder auf, auch der Dunst über dem Moor schimmerte nur noch vor Sonnenuntergang rötlich. Und im Juni, als die Bäume auf der Geest unter dem endlosen friesischen Himmel schon alle grün und die Marschwiesen bunt waren von Löwenzahn, Sumpfdotter, Pechnelke und Wiesenschaumkraut, als im Moor die Libellen über den Tümpeln flimmerten, der rote Sonnentau seine klebrigen Tentakel nach Mücken und winzigen Käfern streckte und der Fieberklee zarte weiße Büschelblüten entfaltete, da wuchs aus den alten Stümpfen der Eschen frisches Laub. Die Leute sagten, es sei ein Wunder. Nur Quade sagte nichts.

Manfred C. Schmidt

Auf den Hund gekommen

Beliebt war Franz Bregenhorn in seiner Umgebung nicht. Dabei war er doch immer absolut korrekt, wie er selber fand.

Das Vorderrad holperte vibrierend über die Unebenheiten des Feldweges. Trotz des Hinweisschildes der Jägerschaft Krummhörn lief sein Hund ohne Leine. Der braune Retriever rannte vor, blieb zurück, holte dann wieder auf. Ein Schnüffeln hier, ein Schnüffeln da.

Bregenhorns Hund hielt den Knüppel im Fang, den der Alte extra entrindet und geschnitzt hatte. Er hatte die Form und Dimension eines Baseballschlägers. Bregenhorn überlegte, ob er das Licht anschalten sollte. Er trat weiter in die Pedale. Noch ein wenig schneller. Der Hund folgte. Die Hundemarke klimperte an der Halskette. Nun bog Bregenhorn in einen Feldweg ein, der mit kleinen Zinnersteinen bedeckt war.

„Moin!" Ein junges Mädchen kam ihm entgegen. Sie fuhr in Richtung Stadt. Bregenhorn brummte zurück. Er grüßte nicht. Er grüßte nie. Vor einem Jahr war auf dieser Strecke ein Mädchen überfallen, missbraucht und umgebracht worden. Er schielte hinterher. In anderthalb Kilometer Entfernung lag die Stelle, der Tatort. Bilder blitzten vor ihm auf. Die Zeitungsberichte riefen damals allgemeines Entsetzen hervor.

Die Dämmerung ließ die Büsche nur schemenhaft erscheinen; der Dynamo surrte und lieferte den Strom für den schwachen Lichtstrahl der Vorderlampe. Es war schon etwas unheimlich.

Das Hundehalsband klimperte. Er war jetzt nahe dem ehemaligen Tatort. Die Kurve mit den großen Haselbüschen und der verengten Fahrspur kam immer näher. Bregenhorn pfiff den Hund heran und nahm Fahrt auf.

Zwanzig Meter noch.

„Rechts hier!" Er dirigierte den Hund in seine Nähe. Der Retriever gehorchte.

Noch zehn Meter.

Der Hund war herangekommen und lief neben dem Fahrrad her.

Noch fünf Meter.

Bregenhorn schwitzte.

Noch drei Meter.

Plötzlich tat es einen Schlag. Bregenhorn flog vom Rad.

„Vor einem Jahr, fast auf die Woche genau, standen wir schon einmal hier!" Kommissar Kerkhoff dachte genau das, was der junge Reporter des Heimatblättchens aussprach.

„Glauben Sie an einen Zusammenhang?"

„Ich glaube gar nichts. Die Ermittlungen stehen erst am Anfang. Übrigens – kennen Sie den Alten?", drehte Kerkhoff den Fragespieß um.

„Den alten Bregenhorn? Klar doch! Der bombardierte unsere Zeitung mit Leserbriefen. Zu allem und jedem musste er seinen Senf dazu geben. Ist vor ungefähr zehn Jahren aus dem Ruhrpott zugezogen. War wohl ein hohes Tier beim Arbeitsamt oder in der Verwaltung. Reihenweise hat der die Leute angezeigt!"

„Sie wissen aber gut Bescheid!" Kerkhoff musterte den Reporter, der trotz seiner Jugend schon kahl zu werden begann.

„Nun ja, wissen Sie, das bringt der Beruf so mit sich. Außerdem ist die soziale Kontolle hier sehr groß: Bevor Sie selber überhaupt wissen, dass Sie ein Haus bauen wollen, kennen die Nachbarn schon die Farbe Ihrer Steine." Er lachte laut auf.

„Hm", grunzte der Kommissar zurück.

„Können Sie mir etwas über die Todesursache sagen?", fragte der Journalist. „Ist er erschlagen worden? Gibt es Spuren? Hinweise auf den Täter? Wie haben Sie ihn gefunden?"

„Ein Mädchen kam gegen 22 Uhr aus der Disco. Sie war auf dem Rückweg, als sie ihn fand. Sie war ihm bereits um etwa 19.15 Uhr begegnet. Mehr kann ich Ihnen nicht sagen."

Kerkhoff ging zum Tatort zurück. Der Hund war noch an einen Weidezaun gebunden. Er winselte. Das Fahrrad lag am Wegrand, das Vorderrad war ziemlich kaputt. Sollte an gleicher Stelle wieder ein Gewaltverbrechen stattgefunden haben? Alles deutete darauf hin. Aber mit welchem Motiv? Die Geldbörse mit 250 Mark hatte der Tote noch bei sich.

Gab es einen Zusammenhang zwischen der Vergewaltigung und diesem Fall? Oder war es ein Racheakt? Hatte Bregenhorn jemandem mit seinen Anzeigen in die Suppe gespuckt?

Kerkhoff hob den Baseballschläger auf. Sofort zerrte der Hund an der Leine und wedelte. Keine Blutflecken. Nur die Spuren von Hundezähnen.

In seinem Büro las Kerkhoff am nächsten Morgen die Berichte seiner Mitarbeiter durch. Sie hatten etliche Strafanzeigen Bregenhorns herausgesucht. Besonders Schwarzarbeiter waren von dem Alten angezeigt worden. In einem anderen Falle fühlte sich der Alte von der hellen Küchenlampe eines Neubaus geblendet und forderte Abhilfe. Der junge Familienvater lachte ihn nur aus und zeigte ihm den Mittelfinger. Die Kratzer an seinem neuen BMW rechnete Bregenhorn den Kindern dieser Familie zu, konnte dies aber nie beweisen.

„Wir sollten mal mit den Leuten reden", sagte Kommissar Kerkhoff zu seinem Kollegen Wieting. „Da wird wohl mehr zu erfahren sein."

Die eher unspektakulären Fälle hatten die Beamten schnell abgearbeitet. Nun saßen sie bei den direkten Nachbarn Bregenhorns in der guten Stube.

„Sie hatten also des öfteren Streit? Bregenhorn und Sie?", begann Kerkhoff.

„Streit? Das ist noch milde ausgedrückt! Ruinieren wollte der uns. Wir sollten hier aufgeben, damit der alte Sack seine Ruhe hatte. Dieser Mistkerl. Am liebsten wäre ich ihm an die Gurgel gegangen…"

Das kurze, knappe „Aha!" des Kommissars ließ Peter Jensen zur Besinnung kommen:

„Das ist ja nur so gesagt. Ich bin eben so aufbrausend!"

„Soso!", bemerkte Kerkhoff.

„Ja, aber getan habe ich ihm nichts", beteuerte Jensen.

„Was hatten Sie gegen Ihren Nachbarn Bregenhorn?", bohrte Kerkhoff.

„Wo soll ich da anfangen?"

„Am besten am Anfang."

„Wir begannen vor zwei Jahren mit unserem Neubau. Sein Haus stand schon. Da blieb es natürlich nicht aus, dass bei Westwind Sand auf seine Terasse wehte, dass mal länger gearbeitet wurde, abends und sonnabends oder in der Mittagsstunde. Er fühlte sich andauernd gestört. Von Anfang an versuchte er uns Schereien zu machen. Baustopp wegen angeblicher Baumängel, Schwarzarbeit, als meine Fußballkollegen halfen, das Dach zu decken, Ruhestörung durch Kinderlärm und so weiter und so fort."

„Aber Sie haben sich nicht unterkriegen lassen", spornte Kerkhoff sein Gegenüber an.

Elke Jensen durchschaute die kleine List. Sie wollte ihren Mann nicht ins offene Messer laufen lassen und sagte: „Na, Peter, so schlimm war das doch gar nicht!"

Im selben Moment wusste sie, dass sie einen Fehler begangen hatte. Sie zwinkerte nervös.

„Nicht schlimm? Nicht schlimm?", fassungslos drehte sich ihr Mann um.

„Nach dem, was der uns alles angetan hat?"

„Ja, aber nun sei doch still, das interessiert den Herrn doch gar nicht", sagte Elke Jensen.

„Doch, doch, das interessiert uns schon!" Kerkhoff notierte mit.

„Ja, das können Sie auch alles schriftlich haben, alles", ereiferte sich Peter Jensen. Er merkte gar nicht, wie er sich um Kopf und Kragen redete.

„Jeden Pfennig haben wir umgedreht, jeden! Überstunden gekloppt noch und noch. Keinen Urlaub. Und die Maloche hier auf dem Bau." Jensen redete sich in Rage. Die ganzen Ungerechtigkeiten wollten aus ihm heraus, schonungslos herausschreien wollte er sie.

„Dann hatten wir auch noch Pech. Die Oma wurde krank und konnte nicht mehr auf die Kinder aufpassen. Kurz nach dem Einzug war das. Elke, weißt du noch?"

Er wartete Elkes Nicken gar nicht ab.

„Sie musste mit der Arbeit natürlich aufhören und die Kinder versorgen. Dann hat sie sich arbeitslos gemeldet. Aber der alte Bregenhorn bekam spitz, dass Elke... na ja, wie soll ich sagen... Bekannten und Freunden die Haare machte. So nebenbei!"

„Aha, nebenbei? Und Bregenhorn beobachtete, dass ihre Frau zu Hause als Frisörin schwarz arbeitete?"

„Ja, der schrieb wie ein Stasispitzel alle mit Autokennzeichen und Uhrzeiten auf, die mit einer neuen Frisur wieder aus unserer Haustür herauskamen."

„Und hat Sie angezeigt?"

„Zuerst nicht?"

„Wie, zuerst nicht?" Kommissar Kerkhoff wurde hellhörig.

„Na ja", Jensen druckste herum. Er blickte zu Boden.

„Er versuchte mich zu erpressen", griff Elke ein. Sie hatte Tränen in den Augen, sprach aber sehr klar.

„Was wollte er?"

„Sex!" Angewidert blickte sie weg.

„Was?" Kerkhoff war überrascht. Das hatte er nicht erwartet.

„Und dann?"

„Wie und dann? Meinen Sie, ich wäre darauf eingegangen? Soviel Geld hätte der gar nicht zahlen können. Mir wird jetzt noch übel. Ich habe es natürlich meinem Mann erzählt!"

„Und was haben Sie gemacht?"

„Ich bin gleich rüber, aber er war nicht da. Zum Glück, für ihn oder für mich, wie man es sieht! Dann wäre er schon früher über den Jordan gegangen." Peter Jensen ballte die Faust.

Es entstand eine kleine Pause.

„Dann hat er uns angezeigt! Schwarzarbeit!"

„Und das hat 'ne Stange Geld gekostet!", stellte Kerkhoff fest.

„Das können Sie laut sagen!", sagte Peter Jensen leise. Er schlürfte den Tee aus seiner Tasse.

„Sie wollten es ihm zurückzahlen und haben ihm nachts die Wohnzimmerscheibe eingeworfen?"

Peter Jensen besann sich.

„Wer sagt das? Können Sie beweisen, dass ich es war? Es gibt so viele, die eine Wut auf ihn hatten. Fragen Sie den Gerdes, zwei Häuser weiter. Dem sind die wertvollen Zuchthühner gerissen worden. Obwohl es einen Zeugen gab, der seinen Hund gesehen hatte, leugnete Bregenhorn es. Oder er ließ seinen Hund in die umliegenden Vorgärten scheißen, der feine Herr Bregenhorn. Er sah wohl den Splitter im Auge des Anderen, aber den Balken in seinem eigenen sah er nicht!"

Biblisches Zitat, überlegte Kerkhoff, während Peter Jensen die Zornesröte weiter in den Kopf stieg.

„Ein schlechter Mensch, ein ganz schlechter Mensch war das, dieser Bregenhorn", eiferte sich der junge Mann.

„Nun lass doch, nun ist er doch tot; über Tote soll man nichts Schlechtes sagen", versuchte Elke zu beruhigen.

„Trotzdem ist es so! Ein ganz mieser Vertreter!", wiederholte Peter Jensen mit Nachdruck.

„Ja, und unsere kleine Sabine hat er auch angefasst, der alte Lustmolch!"

Kerkhoff sah Jensen erstaunt an. Das meiste war ihm bekannt, das stand so in den Unterlagen, mal aus der Sichtweise, mal aus der anderen. Aber dass Bregenhorn auf kleine Mädchen stand…

„Bregenhorn hat Ihre Tochter unsittlich berührt? Und Sie haben ihn nicht angezeigt?"

„Wir vermuten es nur. Und hätten wir es beweisen können?", warf Elke ein.

„Aber irgendwann hätte ich…" Peter Jensen stockte.

„Irgendwann hätten Sie ihm es heimgezahlt", ergänzte Kommissar Kerkhoff. „Sie wussten, wann der Alte mit dem Hund seine Runde machte!"

„Wie? Wie? Halt stopp! Sie wollen mir doch nicht den Tod von Bregenhorn in die Schuhe schieben?" Peter Jensen sah entsetzt auf.

„Sie haben ihm aufgelauert und mit einem Knüppel zugeschlagen!" Kerkhoff sah ihn eindringlich an. „Genau an der Stelle, wo bereits vor einem Jahr ein Mädchen vergewaltigt und getötet worden war. Als Vergeltung für all die Schwierigkeiten!"

„Liebend gern hätte ich ihm eine getafelt! Ja, liebend gern! Aber ich bin es nicht gewesen!"

Kommissar Kerkhoff hatte seinen Täter schon fast im Sack, als Jensen auf die Alibifrage antwortete:

„Gestern Abend um 19 Uhr? Wir haben bei Gerdes die Garage hergerichtet und für einen Umtrunk vorbereitet. Alle Nachbarn waren da! Alle, außer Bregenhorn natürlich!"

Dann also wieder von vorn. Das war Kerkhoff ja gewohnt. Auf der Rückfahrt besprach er die Fakten mit seinem Kollegen Wieting. Er beauftragte ihn, einiges aus dem früheren Leben von Bregenhorn in Nordrheinwestfalen auszugraben. Insbesondere interessierten ihn mögliche Zusammenhänge mit Sittlichkeitsdelikten.

Am nächsten Morgen fuhr Kerkhoff mit dem Fahrrad zur Arbeit. Kurz entschlossen bog er zum Hundehof ab und nahm Bregenhorns Hund in Augenschein. Was sollte aus diesem prachtvollen Tier werden?

„Wäre das nicht einer für Sie?"

Die Tierpflegerin traf ins Schwarze.

„Ich würde schon gerne, aber bei meinen Arbeitszeiten ist das nicht drin, leider." Kerkhoff lehnte ab.

„Haben Sie nicht wenigstens Zeit, ihn heute laufen zu lassen? Der Hund braucht Bewegung. Wir sind hoffnungslos unterbesetzt."

Spontan ging der Kommissar darauf ein.

„Das könnte ich machen, ich nehme ihn mit. Aber nur für zwei Stunden."

Zweihundert Meter weiter hielt der Kommissar sein Rad an. Sofort setzte sich der Hund. Gut abgerichtet, dachte Kerkhoff. Er tastete nach seinem Handy. Er meldete sich ab, fragte aber noch nach den neuesten Ergebnissen. Seine Nase hatte ihn nicht getäuscht. Gegen Bregenhorn gab es in seiner Heimatstadt etliche Anzeigen wegen sexueller Nötigung. Nur in einem Falle war es zu einem Verfahren gekommen: Die Strafe war zur Bewährung ausgesetzt worden. Bregenhorn war vorbestraft, deswegen war er damals aus seiner Umgebung geflohen; ab in eine neue Gegend, ab nach Ostfriesland. Und noch eine Überraschung hielten die Kollegen bereit: Erste Untersuchungen hatten ergeben, dass Bregenhorn die Vergewaltigung und den Mord vor einem Jahr begangen hatte.

Der Biedermann und Saubermann Bregenhorn ein Sittlichkeitsverbrecher!

Kerkhoff grübelte. Also hat ihm jemand hier aufgelauert, an der Stelle, an der vor einem Jahr... bloß wer? Wer konnte wissen, dass Bregenhorn der Täter war? Jensen? Der war aufbrausend genug, hatte aber ein wasserdichtes Alibi. Das hatten sie geprüft.

Der Kommissar verstaute das Handy in der Innentasche der Jacke.

„Komm!", rief er dem Hund zu. Er änderte seine Fahrtrichtung und fuhr den Weg, den Bregenhorn genommen hatte.

Der Retriever fegte durch das kniehohe Gras. Er hatte einen meterlangen Stock gefunden und trug ihn stolz zwischen den Zähnen.

„Hier!" Kerkhoff rief den Hund heran und fuhr schneller. Der Retriever gehorchte und schoss hinterher. Das Klimpern seiner Hundemarke kam zügig näher.

Noch zehn Meter.

Der Hund war herangekommen und lief jetzt neben dem Fahrrad her, den Stock im Fang. Die Kurve mit den großen Büschen lag vor ihnen.

Noch fünf Meter. Noch drei Meter.

Die Fahrbahn verengte sich. Der Hund lief jetzt direkt neben dem Fahrrad.

Der Kommissar bemerkte es viel zu spät. Der Stock im Maul des Hundes näherte sich den Speichen des Vorderrads. Mit einem Satz flog Kerkhoff über den Lenker.

Kai Engelke

Tödliche
Freiheit

Okko Janssen entsprach in mancherlei Hinsicht dem Bild, das sich viele Außenstehende vom aufrechten Ostfriesen machen: groß, zupackend, schweigsam und ein wenig versponnen. Solange man sich erinnerte, lebte er alleine in seinem geerbten Landarbeiterhaus, umgeben von einigen Hektar Acker- und Weideland. Seine zehn Kühe konnten ihm kaum den Lebensunterhalt ermöglichen. So jobbte er tagsüber als Lkw-Fahrer für eine Baufirma und kümmerte sich abends um seinen kleinen Nebenerwerbsbetrieb.

Man konnte ihn durchaus als einen ansehnlichen Burschen bezeichnen. Trotzdem: Mit den Damen wollte es nicht so recht klappen, was vielleicht an der leicht verschrobenen Wesensart des Okko Janssen lag. Nur einmal hatte er eine Freundin. Das war die Anna Freerichs, vom alten Harm die Tochter. Aber das hatte ihm damals der Enno Akkermann kaputtgemacht. Hatte sich einfach dazwischen gedrängt. Und Okko hatte nichts gesagt. Danach ist in der Richtung nie wieder etwas gewesen, jedenfalls nichts, was die Leute wahrgenommen hätten. Und die bekamen hier so ziemlich alles mit.

Trotzdem gab es etwas, an dem er mit großem Gefühl hing, ja, man konnte sogar sagen, etwas, das er liebte. Das waren seine vier Wildschweine: ein Keiler, eine Bache und zwei Jungtiere. In liebevoller Arbeit hatte er ein weiträumiges, geradezu vorbildliches Gehege angelegt, in dem Buchen, Eichen und auch ein paar Nadelbäume wuchsen. Ein massiver Holzunterstand und eine Suhle vervollständigten die Idylle.

Stundenlang konnte Okko Janssen am Zaun des Geheges ausharren, um das Treiben seiner Schwarzkittel zu betrachten. Wie der Keiler sich als Macho aufführte, als dominanter Familiendespot. Wie die Bache jeden Schritt ihrer Kinder beobachtete, immer bereit, sie vor eventuellen Angreifern zu beschützen, und wie die Kleinen respektlos und vorwitzig ihre Umgebung erkundeten. Soziologische Studien am Maschendrahtzaun.

„Na, Okko, gibt's morgen Wildschweinbraten mit Preiselbeeren oder wat?" Solche und ähnliche Sätze riefen ihm die Leute im Dorf schon mal zu.

Okko ignorierte beides, die Sätze und die Leute. Nein, auch wenn seine Wildschweine lange Zeit ein nahezu artgerechtes Leben führen konnten – sie zu töten und zu essen wäre ihm niemals in den Sinn gekommen, nie und nimmer! Vielleicht die Kühe, aber nicht die Wildschweine.

Ja, so war Okko.

Schweigend stapften die beiden Waidmänner über die nasse Weide. Bei jedem ihrer Schritte qietschte der federnde Moorboden unter ihren Füßen. Rebhühner flatterten davon. Ihre Flügel machten ein seltsam technisches Geräusch. Die Büchsen jedoch blieben geschultert. Jan Sievers und Willi Behnen waren nicht auf Zufallsbeute aus. Ihr Ziel war der alte Hochsitz. Hier wollten sie es sich einrichten, ungesehen nach allen Seiten die Landschaft beobachten und dann – geplant und überlegt – die Tiere erlegen, die ihnen ins Visier gerieten.

„Hier draußen zu sein, allein mit der Natur – Willi, das is, was ich unter Freiheit verstehe…"

Jäh unterbrach Willi die tiefsinnigen Betrachtungen seines Kumpans: „Guck mal, Jan! Jan, guck doch mal! Wildschweine! Die ham wir hier doch noch nie gehabt! Ick warr verrückt!"

Willi Behnen war außer sich vor Aufregung, und auch Jan Sievers murmelte nur: „Dat gifft dat doch nich!"

Tatsächlich! Vier Wildschweine trotteten in aller Ruhe – Rüssel immer erdwärts – direkt auf den Hochsitz zu, stöberten mal hier, wühlten mal dort. Zwei erwachsene Tiere und zwei Frischlinge.

„Wat solln wir machen, Jan?", fragte Willi Behnen leise.

„Sei still!", raunte Jan Sievers.

Jetzt waren die Tiere ganz nah. Die beiden Männer hielten ihre Gewehre schussbereit im Anschlag. Sie sprachen nicht mehr und vermieden jede Bewegung. Arglos stöberten die Wildschweine um den Hochsitz herum. Plötzlich gerieten sie den beiden Jägern aus dem Blickfeld. Sie mussten jetzt direkt unter dem Hochsitz sein. Die Tiere schienen nicht zu ahnen, in welcher Gefahr sie sich befanden.

Willi hielt die Spannung nicht mehr aus. „Ich hab mal gehört, wie einer 'ne ganze Nacht auf 'nem Hochsitz gehockt hat, weil ihn ein Wildschwein…"

„Ich hab gesagt, du sollst die Klappe halten!", zischte Sievers wütend.

Zuerst war ein dumpfes Poltern zu hören, dann ein Geräusch wie zerbrechendes Holz, der Hochsitz schwankte bedenklich, und im nächsten Moment waren die Wildschweine auch schon wieder zu sehen. Sie stürmten, so schnell es ihre kurzen Beine zuließen, in verschiedenen Richtungen davon. Blieben dann doch in einiger Entfernung vom Hochsitz stehen und sahen sich prüfend um.

„Das hast du jetzt davon, du Blödmann!", schimpfte Sievers. „Wann hat man schon mal so eine Gelegenheit! Aber du…"

„Sie sind stehengeblieben. Guck doch mal, sie kommen zurück!", flüsterte Behnen etwas kleinlaut.

„Du nimmst die beiden Kleinen, ich kümmere mich um die Alten", sagte Sievers.

Behnen schien nicht zu begreifen, was sein Jagdgenosse von ihm verlangte.

„Wie meinst du das, du nimmst die beiden Kleinen?"

„Was glaubst du, warum wir hier hocken, hä? Zum Teetrinken, oder was? Wir sind Jäger, du Dussel! Also, ich zähle jetzt ganz langsam bis drei, und dann schießen wir beide gleichzeitig. Jeder zweimal. Hast du das verstanden?"

Willi Behnen nickte. Am Himmel schnatterte eine etwas ungeordnete Formation Wildgänse. Die Wildschweine spitzten ihre Ohren.

„Eins, zwei, drei…"

Zwei Schüsse krachten, gleich darauf zwei weitere. Vier Wildschweine lagen reglos im dürren Gras.

Von Ferne drang der fröhliche Lärm einer Boßel-Gruppe herüber.

„Und nu?", fragte Behnen, noch immer im Flüsterton.

„Wir dürfen jetzt bloß keinen Fehler machen", sagte Sievers.

Als Okko Janssen am Nachmittag von der Arbeit nach Hause kam, fiel ihm sofort der heruntergedrückte Zaun seines Wildschweingeheges auf. Ob der Zaun von Menschenhand oder durch die Tiere beschädigt worden war, konnte später nicht mehr mit Sicherheit festgestellt werden. Es sprach jedoch einiges dafür, dass die Wildschweine sich selbst Zutritt zur tödlichen Freiheit verschafft hatten, da der Zaun von innen nach außen gedrückt worden war.

Nachdem Okko die Tiere weder in der Suhle noch im Unterstand gefunden hatte, machte er sich sogleich auf die Suche. Zuerst lief er zu Fuß los, später war er mit dem Fahrrad unterwegs, schließlich fuhr er die ganze Gegend kreuz und quer mit dem Auto ab. Keine Spur seiner Wildschweine.

Okko suchte drei Tage lang. Obwohl er mit niemandem sprach, waren die verschwundenen Wildschweine mittlerweile Dorfgespräch. Jeder hatte seine Theorie, jeder kommentierte die Sachlage, doch die Schwarzkittel tauchten nicht wieder auf. Auch in den Nachbargemeinden hatte niemand sie zu Gesicht bekommen. Okko war verzweifelt. Er trauerte um seine Tiere. Am vierten Tag traf er Enno Akkermann, draußen bei den Weiden. Die beiden begegneten sich auf dem Fahrrad.

„Na Okko, noch immer nix von deinen Schweinen gehört?", fragte Akkermann.

„Nee", sagte Okko. „Nix."

Möglich, dass Akkermann glaubte, früheres Unrecht wieder gutmachen zu müssen. Jedenfalls sagte er, nachdem er sich wie suchend nach allen Seiten umgeschaut hatte, mit gesenkter Stimme: „Kannst du schweigen, Okko?"

„Was meinst du damit?", fragte Okko lauernd. „Weißt du etwa was?"

Wieder blickte Akkermann sich prüfend um, was etwas lächerlich wirkte, waren doch beide völlig allein hier draußen. Weit und breit niemand sonst zu sehen.

„Ich hab da was gehört, aber vorher musst du mir versprechen, mich da rauszuhalten."

„Ich versprech's. Los, nu sag schon!", drängelte Okko.

„Es könnte sein, dass die Jäger was damit zu tun ham."

„Woher weißt du das?" Okko ließ sein Fahrrad fallen und stürzte auf Akkermann zu, packte ihn mit beiden Händen an der Jacke und schrie: „Los, sag schon! Wer war's? Wer hat meine Wildschweine geklaut?"

„Geklaut? Die sind tot, Okko! Die ham die abgeschossen!"

Für einen Augenblick verharrte Okko wie versteinert. Dann, als sei er wieder zur Besinnung gekommen, schüttelte er Akkermann wild hin und her, dass dessen Fahrrad scheppernd umfiel.

„Wer? Wer war das? Los, sag mir die Namen! Sag sie mir sofort!"

Akkermann fing an zu reden: „Wir waren boßeln, neulich, ganz hier in der Nähe. Und da ham wir plötzlich Schüsse gehört…"

Es klingelte heftig an der Tür. „Ich geh schon!", rief Thekla Behnen ihrem Mann zu, der in der guten Stube im Sessel saß und Zeitung las. Sie öffnete die Haustür.

126

„Okko, das ist aber eine Überraschung!", rief die Hausfrau voller Erstaunen. „Dich hab ich hier ja schon seit Ewigkeiten nich mehr gesehn! Komm doch rein!"
Sie drehte sich nach hinten. „Willi, der Okko is da!"
Im Wohnzimmer fiel klatschend eine Zeitung zu Boden. Zögernd und ohne ein Wort zu sagen betrat Okko jetzt den Flur. Es roch durchdringend nach Wildschweinbraten. Durch die offene Küchentür hindurch sah Okko einen gedeckten Tisch. Ihm wurde übel.
„Bei uns gibt's heute Wildschwein. Is Willi günstig drangekommen. Willst du nich zum Essen bleiben, Okko? Wir ham mehr als genug davon. Die ganze Tiefkühltruhe voll. Was meinst du, Willi? Soll der Okko doch mit uns essen, wo er schon so selten mal vorbeikommt. Ich hab ein neues Rezept ausprobiert: Wildschweinbraten *Klostermoor*. Selbst ausgedacht. Ganz toll!"
Noch immer hatte Okko nicht ein einziges Wort gesprochen. Aber weder das fiel der redseligen Dame auf, noch war ihr bewusst, dass Okko seit Tagen vergeblich nach seinen Wildschweinen suchte.
Inzwischen hatte Willi Behnen sich ächzend aus seinem Sessel hochgewuchtet und stand nun, ebenfalls schweigend, in der Wohnzimmertür. Er war kreidebleich. Auf seiner Stirn perlten Schweißtropfen. Die beiden Männer starrten sich wortlos an. Verständnislos blickte Thekla Behnen mehrmals zwischen ihrem Mann und dem unangemeldeten Gast hin und her und sagte dann: „Kann mir einmal jemand erklären, was hier eigentlich los ist?"
„Jan war's...ich war doch nur mit dabei... Jan hat geschossen... ich hab doch eigentlich gar nichts damit zu tun... ich hab gleich zu Jan gesagt: Wieso willst du die Wildschweine schießen? Vielleicht sind das ja Okkos Schweine, hab ich noch gesagt. Aber der wollte ja nich auf mich hören... ich hab das nich gewollt, Okko, ehrlich!", stammelte Willi weinerlich.
Okko machte einen schnellen Schritt auf Behnen zu. Behnen hob beide Arme schützend vors Gesicht, tat einen heftigen Schritt nach hinten, und ohne dass Okko ihn auch nur berührt hätte, geriet er ins Straucheln, stürzte rückwärts auf den Boden, wo er stöhnend liegenblieb.
„Wildschweinmörder!", zischte Okko, wobei er die Mundwinkel verächtlich nach unten zog. Thekla Behnen beugte sich lamentierend über ihren Mann.

Okko verließ das Haus, warf die Tür hinter sich ins Schloss. In der Küche roch es nach verbranntem Fleisch.

Der Himmel hing so hoch über den Weiden, wie das wohl nur in Ostfriesland möglich ist. Jedenfalls behaupten das hier die Leute. Ein paar Rebhühner unterhielten sich knarzend, kleine Singvögel zirpten und flogen aufgeregt zwischen den wenigen kahlen Bäumen hin und her. Die kraftlose Sonne verbreitete ihr fahles Licht an diesem Spätnachmittag im Januar. Irgendwo ganz oben durchbrach ein Düsenjet die Schallmauer. Der Knall ließ einen Schwarm schimpfender Krähen aufflattern. Flugzeuge zeichneten bizarre Kondensmuster in den Himmel. In der Ferne kreischte eine Kreissäge. In dem von wilden Pflanzen fast zugewucherten Entwässerungskanal am Rande der Weide stand braunes Wasser. Der alte Hochsitz am Ende der Weide war umgestürzt und völlig am Boden zerschellt. Die vier Hauptpfeiler waren fachgerecht durchgesägt. Ein dickes Seil lag im Wintergras. Unter dem wirren Haufen zerborstener Bretter lugte eine Hand hervor. Eine bleiche, kalte Hand. Jan Sievers' Hand.

Sandra Lüpkes

Der letzte Abend

Heute ist hier der letzte Abend!", schrie der Mann hinter dem Tresen als Antwort. Ich hatte von ihm wissen wollen, ob hier immer soviel los sei. Doch bevor ich nach Details fragen konnte, drängte mich die Menge weiter. Irgendwie ging es hier immer im Kreis. Seit ich den Laden betreten hatte, wurde ich im Uhrzeigersinn um die Tanzfläche geschoben. Auf diese Weise hatte ich das Interieur bereits gesehen, bevor ich die erste Flasche Bier in die Hand gedrückt bekam. Zum Zahlen war ich nicht gekommen, das würde ich wahrscheinlich bei meiner nächsten Runde tun.

Hatte ich es mir so vorgestellt? Hatte ich mir überhaupt etwas vorgestellt? Was erwartet man, wenn man einen „Kultschuppen" betritt?

Seit ich denken kann, kenne ich „Meta". Doch nur vom Hörensagen. Nur aus den Geschichten meiner Mutter weiß ich von den durchgesessenen, zusammengewürfelten Sofas und den wuchernden, wahrscheinlich nikotinabhängigen Pflanzen. Ich hatte mir nie ein Bild gemacht von den benutzten Fischernetzen an der Decke und den pferdegesattelten Barhockern. Doch hätte ich es mir im Geist vorgestellt, es hätte wohl genau so ausgesehen. Es roch nach Pferd, Rauch und Alkohol, und sie spielten „Gamma ray". Alles passte. Und irgendwie kam es mir nun vor, als sei ich schon einmal hiergewesen.

„Irgend so 'ne Konzessionssache", sagte eine Stimme hinter mir. Ich konnte mich in der Enge kaum umdrehen, um zu sehen, ob die Stimme mich meinte. „Deswegen machen sie hier zu."

Ich wandte meine Kopf, so weit es ging: „Schade, nun bin ich endlich das erste Mal hier, nun soll es auch gleich das letzte Mal gewesen sein."

„Abwarten. Die sollten die Hütte schon so oft schließen. Wenn es nach den hohen Herren im Rathaus gegangen wäre… Und nun steht der Laden schon vierzig Jahre."

Es gelang mir, mich aus dem Menschenstrom zu befreien, indem ich mich in eine kleine Nische neben der Theke schob.

„Und warum bist du heute das erste Mal hier?" Die Stimme gehörte einem Mann mit einem netten, wenn auch etwas verlebten Gesicht. Er war neben mich gerückt und drehte sich eine Zigarette. Seine Finger waren gelb.

„Ich hatte noch nie die Gelegenheit. Bin nicht von hier. Aber meine Mutter hat mir viel von 'Meta' erzählt. Sie kommt hier aus Norddeich und war Anfang der Siebziger fast täglich hier."

Nun schaute er auf. Wahrscheinlich hatte er mich vorher gar nicht angesehen.

„Theelke Cromminga!"

Ich war baff. Er kannte meine Mutter. Die Welt ist klein.

„Wie geht's ihr so, sie war seit Ewigkeiten nicht mehr hier."

Bei der Vorstellung, meine Mutter würde hier hineingehen, musste ich lachen. Diese Zeit lag so weit hinter ihr, meilenweit hinter ihrem Leben als Sekretärin, Mutter undEhefrau. Ich konnte sie mir beim besten Willen nicht in einer lauten und verqualmten Bude wie dieser hier vorstellen. Sie war so anständig.

„Meiner Mutter geht's gut, sie wohnt in Hannover. Ist ja witzig, dass du sie kennst."

Er schien das ganz normal zu finden, denn er zuckte nur beiläufig mit den Schultern.

„Klar kenne ich Theelke."

Ich hatte nicht geglaubt, dass es so einfach sein würde, eine Spur zu finden.

Tausend Überlegungen hatte ich angestellt, wie ich jemanden treffen könnte, der mir ein paar Antworten gab. Und nun stand er hier, der erhoffte Zeitzeuge, der Handlanger auf meiner Suche, die mich hierher gebracht hatte. Er hatte sich einfach so zu mir gesellt.

Meine Handflächen wurden feucht, und ich spürte, wie mein Herz ein wenig den Rhythmus verlor. Doch ich ließ mir nichts anmerken, als ich fragte: „Kennst du meinen Vater?"

Damals spielten sie eigentlich die selbe Musik wie heute. Böse Musik, wie manche behaupten. Alle Norddeicher, die ihr Haar noch anständig geschnitten und schurwollene Beinbekleidung trugen, waren sich sicher: sehr böse Musik!

Vor allem die Anwohner, die links und rechts und hinter „Meta" im Umkreis von einem Kilometer wohnten. Davor wohnte niemand. Davor war der Deich.

Und ohne Zweifel: Der litt am meisten! Er wurde umfunktioniert, vom Schutzwall zum Schmutzwall, oder vom Bollwerk zum Tollwerk, wie auch immer… bei Meta war es meistens richtig voll, und die meisten bei Meta waren auch richtig voll.

Natürlich war eine Masse lebenshungriger Hippies, die es wild auf dem Deich des aufstrebenden Touristenortes trieben, eine Bedrohung, die den Ostfriesen schlimmer vorkam als die heftigste Sturmflut.

Sodom und Gomorrha in Norddeich. Drogen, Sex, Mord und lange Haare. Alle Nase lang sollte die Diskothek damals geschlossen werden. Aber Meta, die Frau, die dem Laden seinen Namen gegeben hat, hatte bislang durchgehalten. Meta, wie man sich eine Friesin vorstellt und eben doch ganz anders: blondiert, toupiert, extrovertiert; sie verstand es, im rechten Moment nichts zu verstehen und stellte sich auf schlaue Art dumm. Nur so war es ihr gelungen, die Türen für alle jungen Leute geöffnet zu halten, während sämtliche Spießer und Bürokraten sie am liebsten hinter Schloß und Riegel gesehen hätten.

Doch diesmal war es endgültig aus. Konzession weg.

Umschlagplatz für Drogen titelte der Ostfriesen-Kurier am Morgen und all die sauberen Norddeicher lächelten selbstgerecht an ihren Frühstückstischen. Nur die Jugend, die saß im Dreck.

Und dann trafen sich alle. Es war der letzte Abend.

Auch Theelke war da, sie war irgendwie noch bedrückter als wir alle. Stress mit Gero, war unser Verdacht. Gero machte auf Deichgraf, so nannten wir ihn immer. Er war ein Macker, ein Macho würde man heute sagen. Ein Hippie-Macho: zottelige Haare, schlaksige Gestalt, lächerliche Klamotten, genau wie wir alle. Aber er riss sein Maul zu weit auf, sagte „Love and Peace" und meinte „Sex und Schnauze halten".

Dazu noch stinkreicher Hotelierssohn vom piekfeinen „Gasthof zum Fährmann".

Keiner konnte ihn leiden, aber so etwas behielt man für sich in den Tagen des „Flowerpower"-Getues. Nur Theelke fand ihn toll, war verknallt in Gero wie ein Schulmädchen, war ja auch schließlich ein Schulmädchen mit ihren brünetten Haaren, die sie morgens immer brav in langen Zöpfen bändigte. Eigentlich hatten alle sie für schlauer gehalten, aber sie lief dem „Deichgrafen" direkt in die Arme, wie schon zu viele Mädchen vor ihr. Der arme Jochen litt, er hatte sie immer verehrt, es aber auf die behutsame Art versucht, und war nun von Gero gnadenlos überfahren worden. Doch an diesem letzten Abend hockte er wieder an Theelkes Seite, enger als je zuvor, da sie sich an seiner weichen Schulter ausheulte. Gero war mit einer Blondgelockten über den Deich gegangen.

Frustration machte sich breit.

„Die Vertreibung aus dem Paradies", sagte Immo. Sein Vater war als Beamter im Rauschgiftdezernat nun auch noch maßgeblich an der Schließung beteiligt. „Irgend ein Schwein hat behauptet, alle hier schmeißen LSD, und Meta persönlich hat die Taschen voller Gras."

Klar, kaum einer war ein Unschuldslamm, was Drogen anging, aber Meta balancierte ihr Bier mit dem Tablett durch die hottenden Massen, die hatte überhaupt keinen Bock, sich mit sowas wie Haschisch zu befassen. Die rauchte ja noch nicht mal.

„Die wollen sie loswerden, für immer", mutmaßte die rote Wiebke, klein und zierlich, aber linker, als es wohl je ein anderer Friese war. „Und uns gleich dazu. Für uns ist kein Platz im kapitalistischen Bilderbuch-Ostfriesland."

„Der Hundesohn, der uns verraten hat…"

Alle tanzten. *Smoke on the water and fire in the sky.*

Heute schütteln sie auch ekstatisch die Köpfe und spielen Luftgitarre, wenn dieser Song kommt, doch damals war es irgendwie authentischer, wütend und mutig, laut und zuckend.

Es war verdammt eng.

Und als die Boxen verstummt waren, lag einer mitten auf der Tanzfläche und war tot.

Der Deichgraf. Erwürgt. So sah es jedenfalls aus.

„Das hat uns gerade noch gefehlt", sagte Meta trocken, dann schloss sie die Türen von innen zu. „Macht das unter euch klar. Ich kann keinen Ärger mehr gebrauchen."

Und so still wie nach diesen Worten war es vorher und nachher wohl nie in dem Schuppen am Deich.

Immo fluchte: „Er war der Dreckskerl. Er hat bei den Bullen rumgetönt, hier würde nur gefixt und gekifft. Ich wollt's ja eigentlich nicht sagen, aber mein Alter hat's mir gesteckt: 'Dein Kumpel, der Gero, der hat wenigstens noch Anstand in den Knochen, er hat uns heute auf dem Revier aufgeklärt über die finsteren Machenschaften in eurem Jugendtreff am Deich'. Kotzbrocken."

Fassungslos sahen alle, wie Immo der Leiche fast noch einen Tritt verpasste. Zum Glück konnte er sich gerade noch beherrschen, doch Wiebke, die irgendwie härter im Nehmen war, kniete sich hin und schob den fransigen Hemdärmel am schlaffen

Arm des Toten höher: „Guckt ihn euch an, 'ne Rolex hat er. Sohnemann wollte nämlich in der nächsten Saison als Juniorchef in Papas Hotel einsteigen. Der war keiner von uns, der hat sich nur verkleidet. In Wahrheit konnte er uns nicht schnell genug verjagen, damit seine gutbetuchten Kurgäste nachts besser schlafen können." Sie war so wütend, so aggressiv, jeder im Kreis um den Toten herum hätte Stein und Bein schwören können, sie hätte ihm mit ihren zierlichen Händen selbst den Hals umgedreht. Und wahrscheinlich wäre es auch dabei geblieben, hätte Theelke nicht so herzzerreißend geheult.

„Mein Gott, Theelke, wein dem Verräterschwein doch keine Träne nach", regte sich Wiebke auf. Doch das Schluchzen wurde noch lauter.

„Er hat sie geschwängert", sagte Jochen still und legte seinen Arm um das Häufchen Elend an seiner Seite.

„Scheiße", sagte irgend jemand.

Wir gingen nach draußen. Mit dem Bier in der Hand. Er drehte mir eine Zigarette.

Wir setzten uns zur Wattseite hin auf den Deich und beobachteten stumm die nahende Flut.

„Hier haben wir ihn schließlich verschwinden lassen", sagte er dann. „Nachdem die allgemeine Hysterie sich gelegt hatte, schloss Meta uns die Türen wieder auf. Mit vier Leuten haben wir Gero über den Deich geschleppt, dann haben wir ein Loch gegraben, mit bloßen Händen, verstehst du, insofern hat sich also jeder die Hände schmutzig gemacht. Die Leiche liegt nun etwa einen Meter unter der Grasnabe, die wir sorgfältig wieder festgetreten haben. Unser Glück, dass der Deich nach diesem Abend sowieso ziemlich in Mitleidenschaft gezogen worden war, so fiel das frische Grab nicht auf."

Ich nahm einen Schluck aus der Flasche. Es war schon etwas skurril. Die Suche nach meinen Wurzeln hatte mich hierhergebracht und nun trank ich Bier auf der letzten Ruhestätte meines Erzeugers.

„Tut mir Leid, du hast dir sicher etwas anderes versprochen," sagte mein Kumpel neben mir. Ich kannte ja noch nicht mal seinen Namen.

Ich zuckte mit den Schultern, denn verloren hatte ich ja schließlich nichts außer einem Stück Hoffnung. Wo nie ein Vater gewesen war, da würde ich auch keinen vermissen. „Was ist denn letztendlich aus allen geworden?"

„Nach der Schließung des Ladens gab es jede Menge Ärger, da ging Geros Verschwinden irgendwie unter. Nach einigen Monaten hat Meta wieder geöffnet; nicht zuletzt, weil der wichtigste Belastungszeuge fehlte, konnte man ihr die vorsätzliche Duldung von Drogen in ihrem Lokal nicht nachweisen. Der Deichgraf blieb verschwunden, man nahm an, er sei abgehauen, weil er als Hippie zu faul war, das Hotel seines Vaters zu übernehmen. So ist dann tatsächlich Gras über die Sache gewachsen, im doppelten Sinne. Wir haben nie wieder darüber gesprochen. Auch nicht, wenn wir uns heute wiedersehen. Immo ist in Aurich Rechtsanwalt mit dem Schwerpunkt Jugendkriminalität, Wiebke hat kurz nach dem Abitur eine Wendung um 180 Grad gemacht und ist nun Immobilienkauffrau bei der Sparkasse. Tja, und Theelke hat kurz darauf Ostfriesland verlassen. Keiner wusste so recht, wohin, und ihre Eltern haben geschwiegen, weil sie das mit der Schwangerschaft vertuschen wollten."

Auf einmal sah er mir direkt in die Augen. Die ganze Zeit über war er meinem Blick ausgewichen, hatte in die Ferne oder auf seinen Tabak geschaut. Ich erschrak, denn ich sah Tränen über seine faltige Haut laufen.

„Gero wollte deine Mutter nach Holland bringen. Seine Eltern würden da einen Arzt kennen, der das Problem lösen könne. Sie hätte das nie gekonnt. Und wenn ich dich jetzt so ansehe, bin ich mir sicher, sie hat irgendwie doch alles hingekriegt."

Ich nickte: „Es geht ihr sehr gut."

Ein zufriedenes Lächeln schlich sich in sein Gesicht: „Siehst du, dann würde ich es immer wieder tun. Ich bin übrigens Jochen."

H. P. Karr

Mädchenspiele

Nicole stand in der Ecke des Schulhofes. Sie weinte. Die anderen Kinder spielten und beachteten sie nicht. Sie fühlte sich einsam. In der Klasse saß sie allein in der hintersten Bank. Keiner sprach mit ihr.

Frau Schrader hatte Aufsicht. Sie kam herüber. Ein blondes Mädchen war bei ihr. Es hatte viele Sommersprossen und dunkle, traurige Augen.

„Das ist Sandra. Sie geht ab heute mit dir in eine Klasse. Ich denke, dass ihr vielleicht Freundinnen werden könntet."

Nicole entdeckte in Sandras Blick die gleiche Einsamkeit, die sie manchmal selbst spürte.

Sie streckte die Hand aus: „Hallo!"

Sie spielten im Kinderzimmer. Nicole hatte zwei Barbies, Sandra auch.

„Das ist die Mutter und das ist das Kind", sagte Nicole. Sandra nickte zustimmend. Sie hatte auch eine Mutter und ein Kind.

Sie setzten alle vier Puppen in Nicoles Puppenhaus.

„Verstehst du, warum die anderen Kinder nicht mit uns spielen?", fragte Sandra nach einer Weile.

Nicole sah sie an. „Weil wir keinen Vati haben", sagte sie dann.

Sandra stimmte ihr zu und meinte: „Meine Mutti sagt, dass man keinen Vati braucht."

Nicole legte eine der Puppen ins Bett. „Sie ist krank." Dann goss sie etwas Limonade in ihr Glas. „Das ist die Medizin." Sie machte eine Pause.

„Ich habe mal einen Vati gehabt."

Sandra sah sie überrascht an.

„Mutti sagt, dass er fortgegangen ist", fuhr Nicole fort. Sie setzte der Puppe das Glas an den Mund. „Aber ich glaube, dass er tot ist."

Sandra erschrak.

„Es ist alles sehr lange her", erzählte Nicole. „Vati ist sehr krank gewesen. Dauernd hat er Bauchschmerzen gehabt, und Mutti musste ihm morgens immer seine Medizin gegeben. Dann ist einmal nachts der Rettungswagen gekommen und zwei Männer haben meinen Vati auf eine Bahre gelegt und hinausgetragen."

„Im Krankenhaus wird man wieder gesund gemacht", sagte Sandra.

Nicole nahm die Puppe aus dem Bett. „So", sagte sie. „Jetzt ist sie wieder gesund." Sie lächelte Sandra an. „Mutti hat mir zwanzig Mark gegeben, bevor sie weggegangen ist. Davon kaufen wir uns jetzt Hamburger. So viel, wie wir bekommen."

Sandras Augen leuchteten.

Nicole hatte sich die Zähne geputzt und kämmte sich gerade, als ihre Mutter ins Bad kam.

Sie öffnete die Hausapotheke. Nicole wusste, dass der Schlüssel immer auf dem kleinen Schränkchen lag. Sie hatte ihre Mutter oft genug beobachtet, wie sie ihre Kopfschmerztabletten herausnahm.

„Sandra ist ein nettes Mädchen", sagte ihre Mutter und nahm eine Tablette.

Das Mädchen war auch ihrer Meinung. „Sie hat auch keinen Vati!" Ihre Mutter legte das Röhrchen zurück. Nicole starrte auf die kleine Flasche mit dem hellblauen Flüssigkeit ganz hinten im Schrank. Sie enthielt die Medizin ihres Vatis. Sie erinnerte sich, wie ihre Mutter immer zwanzig Tropfen auf einen Teelöffel abgezählt hatte, morgens, wenn Vati noch schlief und sie gemeinsam am Frühstückstisch saßen.

„Gegen Vatis Bauchweh", hatte sie dann manchmal gesagt. Der Kaffee für ihre Mutti und ihren Vati hatte in der Kanne gedampft.

„Vati ist tot, nicht wahr?", fragte Nicole auf einmal. Ihre Mutter blieb erschrocken in der Badezimmertür stehen.

„Wer hat dir das gesagt?"

„Niemand."

„Vati war sehr krank", erklärte ihre Mutter und streichelte das Kind. Nicole nickte. Ja, ihr Vati war krank gewesen, denn manchmal war er mit einem seltsamen Gesichtsausdruck nach Hause gekommen. Er hatte dann auch geschwankt. Und geschrien hatte er auch.

Manchmal hatte sie dann auch nachts laute Stimmen aus dem Schlafzimmer gehört, und dann hatte Mutti am Morgen meist ganz rote Augen, so als ob sie geweint hätte.

Ihre Mutter drückte sie an sich. Nicole spürte, wie sie zitterte.

„Wir kommen doch auch so zurecht, nicht wahr?", fragte sie mit einer ganz seltsamen Stimme. „Nicht wahr, mein kleiner Schatz. Wir brauchen keinen Vati, meinst du nicht auch?"

Nicole nickte.

Später, als sie im Bett lagen, kuschelte sich das Mädchen an ihre Mutter.

„Wir haben mit den Puppen gespielt", sagte Nicole schläfrig. „Sandra und ich. Und dann haben wir uns von unserem Geld Hamburger und Cola gekauft. Neun Hamburger haben wir bekommen und fünf Colas. Sandra war hinterher ganz schlecht."

Ihre Mutter murmelte etwas.

„Der Bauch hat ihr wehgetan", erzählte Nicole weiter. „Und dabei hat ihre Mutti ihr doch verboten, Hamburger zu essen. Hoffentlich merkt sie nichts."

„Was?", fragte ihre Mutter und war wieder hellwach.

„Weil Sandra doch krank war", sagte Nicole, „habe ich gedacht, dass ihr ein bisschen Medizin hilft. Ich habe die Apotheke im Bad aufgeschlossen..."

Ruckartig richtete ihre Mutter sich ganz im Bett auf.

„Tabletten sind gegen Kopfschmerzen, das weiβ ich", meinte Nicole und sah ihre Mutter an. „Und Vatis Medizin ist gegen Bauchschmerzen, das hast du mir einmal gesagt. Ich habe Sandra einen Teelöffel von Vatis Medizin gegeben. Genau zwanzig Tropfen, damit ihre Bauchschmerzen weggehen..."

Ihre Mutter starrte sie voller Panik an. Dann sprang sie mit einem Satz aus dem Bett. Gleich darauf hörte Nicole, wie sie telefonierte.

„Sie müssen ihr den Magen auspumpen, sofort", hörte Nicole sie sagen. „Es ist Gift... Natrium-Zyan... absolut tödlich und nicht nachweisbar... ja... ja, ich werde auf die Polizei warten..."

Nicole rollte sich zusammen, weil es in ihrem Bauch ganz schön rumorte. Sie verstand nicht, was Vatis Medizin mit der Polizei zu tun hatte.

Nicole war müde und wunderte sich, warum sich ihre Mutti so aufregte, weil sie Sandra etwas von Vatis Medizin gegeben hatte. Und ehe sie einschlief, dachte sie, dass es vielleicht besser wäre, wenn sie noch gestand, dass sie selber auch zwanzig Tropfen von Vatis Medizin genommen hatte, weil sie nach den vielen Hamburgern und der Cola Bauchschmerzen bekommen hatte.

Nicole fror plötzlich, und sie rollte sich fester in die Decke ein. Morgen ist alles wieder in Ordnung! dachte sie. Dann schlief sie ein.

Lilo Heimann

Mörderaugen

Bei auflaufendem Wasser brauchte die Frisia VIII fünfzig Minuten von Norddeich Mole bis Norderney. Der Himmel im Westen, den Christine durchs Fenster der Fähre sehen konnte, war völlig bedeckt, die kargen Seezeichen im graubraunen Wasser erschienen ihr wie Minimalkunst-Objekte. Nur einzelne Möwen begleiteten das Schiff.

Ulrich Prikryl trank Kaffee und las die Zeitung. Christine setzte ihre Pudelmütze auf und band sich ein Tuch um. Sie stieg die Treppe zum Wagendeck hoch, auf dem Baumaschinen und ein Pommes-Kleinlaster parkten. Auf dem Promenadendeck saßen und standen nur wenige Passagiere. Der Wind zerrte an Christines Schal, sie band ihn fester und stemmte sich gegen die Böen. Im Osten hellte sich der Himmel leicht auf. Am Horizont war bereits die Insel Juist zu erkennen. Die erst scherenschnittartige Silhouette Norderneys mit dem Hochhausklotz und der schmalen Nadel des Leuchtturms nahm langsam Konturen und Farben an, das Gelb des Hotels Pique stach vom Weiß und Grau der übrigen Häuser ab.

Ulrich, der die Schlagzeilen überflogen hatte, war an Deck gekommen und legte seinen Arm um die Schulter seiner Frau, die an der Reling lehnte. Er kannte fast alle Hotels an der Seefront mit Namen, er hatte schon über viele dieser Häuser Reportagen geschrieben. Christine wusste, dass er sogar einen Artikel über den Pommes-Fabrikanten verfasst hatte, dessen Kleinlaster unter ihnen auf dem Wagendeck parkte.

Für den Journalisten Ulrich Prikryl, der stolz darauf war, dass er außerdem drei Bücher veröffentlicht hatte, gab es keine Trennung von Arbeit und Privatleben. Der Hamburger, der sich als Krimi-Autor Uli Mordhorst nannte, verwurstete alles, was ihm unter die Augen und Ohren kam, zu Texten und Fotos. Selbst jede Lebensäußerung seiner Verwandten und Freunde, ihre Sehnsüchte und ihr Seelenschmerz, war für ihn nur gefundenes Fressen für Artikel oder Ideen-Beute für Kurzkrimis. Wie dem sagenhaften König Midas alles, was er anfasste, zu Gold wurde, wandelte Prikryl alles in Honorar um. Der vollbärtige Schreiber, dem häufig eine Kamera vor dem Bauch schaukelte, war jedoch cleverer als der griechische Sagenheld, er konnte Speisen und Getränke genießen und machte sie dennoch zu Gold, indem er bedichtete, was er soeben vertilgt und vorher fotografiert hatte.

Prikryl war froh, dass er die Fähre nach Norderney gerade noch erreicht hatte, aber er hätte auch die nächste nehmen oder sich guten Gewissens samt seiner Frau einen Flug leisten können. Er hatte auf Norderney einige Termine vereinbart und ein Treffen mit einigen kulinarischen Fachjournalisten abgemacht.

Prikryl hatte sein Herz an die ostfriesischen Inseln verloren, soweit er überhaupt jemals ein Herz besessen hatte; denn seit der Wiedereröffnung eines prächtigen Hotelbaus vor einigen Jahren, zu der er mehr aus Zufall eingeladen worden war und über die er in mehreren Zeitschriften weitschweifige Artikel veröffentlicht hatte, war er hier bei den Hoteliers ein gern gesehener Gast. Einzig Detlev Patzelt, der auf Norderney ein kleines Pressebüro betrieb, betrachtete den Hamburger als Eindringling in sein Gebiet, als Störenfried und Honorarräuber. Mordhorst selbst wusste nichts von der Existenz des Patzeltschen Pressebüros Nordwestinfo. Er hatte den Insulaner nie zu Gesicht bekommen.

Patzelt jedoch, der auch gerne aß und trank, es aber nicht zum anerkannten Food-Journalisten gebracht hatte, wusste, dass sein Feind im Anmarsch war, denn er hatte vom Treffen der kulinarischen Fachjournalisten auf Norderney gehört. Die Zusammenkunft hatte sich unter denen, die nicht dazu eingeladen worden waren, besonders schnell herumgesprochen. Der ideenreiche Mordhorst wollte die steuerlich absetzbare Tagung zudem mit Recherchen für seinen neuen Krimi, der wieder auf Norderney spielen sollte, mit einigen Tagen verbinden, die wenigstens zeitweise der Erholung dienen sollten. Vor allem aber, so betonte er, musste Christine, seine Frau, dringend ausspannen, denn sie hatte, was Prikryl ja einsah, erheblich darunter gelitten, dass sie so offensichtlich das Vorbild für das Mordopfer in seinem letzten Buch „Die Tote von der Marienhöhe" abgegeben hatte. Wahrscheinlich war er mit der Fotomontage auf dem Cover doch zu weit gegangen. Erst nach Erscheinen des Buches hatte Christine gesehen, dass er ein Bild von ihr verwendet hatte, auf dem sie am Strand gedöst hatte wie eine ermüdete Kuh in der Sommerhitze, von der man vermuten konnte, alle Lebensgeister seien bereits aus ihr entwichen.

In dem Jahrzehnt ihrer Ehe hatte Christine in der Tat einiges mitgemacht und sich ein ziemlich dickes Fell zugelegt, dachte Mordhorst. Es war schon manchmal allerhand, was er ihr zumutete, er war eben ein Raubein, aber sie profitierte ja auch von seiner Cleverness.

So ungefähr sah Christine das alles auch. Das andere verdrängte sie. Und intelligent war Prikryl allemal, ihm machte so leicht keiner was vor, er tanzte auf allen Hochzeiten und kannte alle Gäste. Schließlich war es auch angenehm, mit ihm über ein immer anständig gefülltes Bankkonto verfügen zu können. Das war eine Annehmlichkeit, von der Patzelt nur träumte, aber das wussten die Prikryls nicht.

Beim Anlegen der Fähre auf der Insel regnete es heftig. Es gab kein erfreuliches Ankunftsritual. Ulrich und Christine sprangen in ein Taxi und ließen sich ins Hotel fahren. Prikryl hatte keine Lust, sofort seine Reisetasche auszupacken, und benutzte im Bad, als er sich frisch machte, die Utensilien aus Christines Kulturbeutel.

„For ladies only", warnte die Besitzerin.

Prikryl hatte den Schriftzug gelesen, meinte aber, was für Frauen gut sei, sei es mit Sicherheit auch für ihn. Er fand, der Duft passe hervorragend zu ihm, und verschwand beschwingt zu seinem ersten verabredeten Termin.

Christine machte sich auf den Weg zum Schwimmbad, verzichtete aber auf ein zweifelhaftes Badevergnügen, als sie bereits im Vorraum das Stimmengewirr mehrerer Kindergruppen vernahm.

Sie kannte die Insel noch nicht, sie wollte jetzt gleich unter dem bunten Dach ihres Regenschirms, auf das die Tropfen trommelten, den Ort sehen, an dem man nach der Vorstellung ihres Mannes „die Tote von der Marienhöhe" gefunden hatte. Sie brauchte nicht lange zu suchen, sie entdeckte den Pavillon auf der Düne schnell. Rasch war sie hochgestiegen und vom ersten Moment an war ihr klar, dass sie diesen Ort verabscheute. Dennoch nahm sie Platz, setzte sich an einen Fenstertisch mit Blick auf die See, auf der eine Fähre eine weiße Schaumlinie hinterließ. An dieser Stelle also hatte Heinrich Heine das Gedicht geschrieben „Das Meer erglänzte weit hinaus..."

Christine bestellte Kaffee, die See glänzte nicht. Ein zottiger Hund jagte Möwen am Strand, die weißen Vögel saßen auch auf den von Möwenkot beschmutzten Lampen. Zu Heines Zeit hatte es dieses Lokal noch nicht gegeben, nicht die monströse Palme in seiner Mitte, nicht die Wolkenstores und nicht die blassgrünen Samtbezüge der Stühle, alles Dinge, dachte Christine, die jedem Fühlenden das Dichten vergraulen würden. Einzig Mordhorst hatten diese giftgrünen Säulchen und die Streublümchen auf den Kaffeetassen inspiriert, seine Heldin hier sterben zu lassen, hier, wo sich angeblich Noske und Stresemann und die Prinzen Heinrich und Wilhelm von Preußen besonders wohl gefühlt hatten.

Am Nebentisch wurde Hessisch gesprochen. An der Artikulation und der Kleidung der Gäste fiel Christine auf, dass es sich um Touristen mit niedrigem Einkommen handelte. Diese Zielgruppe peilten offensichtlich viele Vermieter auf der Insel an, die sie mit künstlichen Blumen, Rüschengardinen und Holzmöwen in Fenstern und Veranden anlockten. Dieser unsanfte Tourismus beleidigte Christines Schönheitssinn. Wahrscheinlich war die Schutzhütte, die Königin Marie von Hannover dunnemals auf diesem Aussichtspunkt errichten ließ, etwas Handfestes gewesen, etwas Einfaches für aristokratische Gemüter.

Wieder draußen, beobachtete Christine, wie ein Kind einen vielfarbigen Drachen steigen ließ, außer den roten Bojen endlich ein farbiger Fleck, an dem sich ihre Augen weiden konnten. Dann erschien ein blauer Streifen am Himmel mit weißen Wolken, vor denen ein grauer Wolkenschleier wie Rauch davon stob. Christine machte den Regenschirm zu. Es war Zeit, ihren Mann zu treffen. Sie würde ihm sagen, dass er sich für seinen neuen Krimi einen geschmackvolleren Todesort aussuchen sollte.

Der nächste Tag ließ sich besser an, vom frühen Morgen an schien die Sonne, Ulrich hatte erst für den Nachmittag ein Treffen mit einem seiner Gesprächspartner vereinbart. Hand in Hand spazierten die Prikryls nach einem üppigen Frühstück zum Weststrand. Vom Weg auf dem Deichkamm sahen sie rechts das Meer leuchten und links auf den Wiesen Pferde weiden. Hinter roten Dächern ragten die Flügel der Mühle hervor, direkt vor ihnen flatterten Pfauenaugen. Sie gingen immer gegen den Wind und hörten die Möwen schreien wie im Internet, wo sie die Namen einiger ostfriesischer Inseln eingegeben und die Boxen auf Power gestellt hatten. Wahrscheinlich waren die Geräusche und die Gerüche ähnlich wie damals, als Heine, Fontane und Kafka an diesem Strand entlang wanderten. Nur fiel deren Blick nicht auf die vielen Windräder an der Festlandküste. Heute begegneten Christine nicht nur Leute, denen die Kultur der Muße fehlte und die einen Habitus hatten, der dem ihren so entgegengesetzt war. Ihre Nervosität schwand, sie gab sich ganz dem Vergnügen hin, das Wolken und Wellen in ihr weckten.

Der heftige Regen kam ganz plötzlich. Sie waren auf dem Rückweg und konnten gerade noch in die Giftbude flüchten. Mit ihnen drängte alles herein, was zwei und vier Beine und Kinderwagenräder hatte und nicht durchnässt werden wollte.

Ein freier Tisch war nicht mehr zu finden, sie strebten Tisch 18 zu, an dem eine junge Frau saß, ein paar Bücher vor sich, vertieft in einen Kriminalroman. Es war Memke Pannbacker aus Oldenburg, die eine Woche auf der Insel ausspannen wollte. Ulrich sah, während er fragte, ob man Platz nehmen dürfe, mit einem schnellen Blick, dass es sein neuester Krimi war, in dem sie las. Memke nickte geistesabwesend und starrte dann irritiert auf die pudelnasse Christine mit dem blonden Pferdeschwanz, den großen grauen Augen, den Sommersprossen und dem kleinen Muttermal überm rechten Mundwinkel. „Die Tote von der Marienhöhe", entfuhr es ihr. „Das darf doch nicht wahr sein."

„Doch", sagte Christine und setzte sich Memke gegenüber, „es ist wahr, ich bin's. Aber nicht tot, sondern die Frau von Uli Mordhorst. So ist es eben, andere Paare lassen sich scheiden, wenn's in der Ehe zu bunt wird, mein Mann aber macht es nun mal so."

Und zu Ulrich gewandt sagte sie: „Jetzt lass uns aber was essen, ich hab Kohldampf nach dem langen Spaziergang."

Memke Pannbacker versuchte sich wieder in ihre Lektüre zu vertiefen, aber ihre Augen wanderten immer wieder zu Christine, die sich über ihre Folienkartoffel mit Krabben hermachte, und ihre Gedanken schweiften ab zum hautnahen Vorbild der Ermordeten. Das war ihr noch nie vorgekommen, dass ihr eine Romangestalt leibhaftig gegenübersaß.

Mein Gott, dachte Memke, wie verkraftet sie das? Da bügelt sie ihm die Hemden und stellt ihm Tee neben den Schreibtisch, während er sie mir nichts dir nichts mit Worten brutal abmurkst. Und alle können das lesen. Die hat vielleicht Nerven, dass sie das aushält. Und wieder schielte sie zu Christine und dachte: Im Grunde ist sie doch verletzt, muss ja verletzt sein, bleibt nur bei ihm, weil's bequemer für sie ist, weil sie das Haus und den Garten vermissen würde, die gemeinsamen Freunde. Und die haben das alles auch gelesen, die Bitterkeit, die wirren Hassgefühle, die wissen doch viel besser Bescheid über diese vermurkste Ehe.

Christine fing Memkes zweifelnde Blicke auf, als Ulrich Getränke holte. Sie legte ihre Finger vorsichtig auf Memkes Handrükken und sagte: „Meinen Sie denn, man sollte alle Probleme ständig unter den Teppich kehren, heucheln, niemals gestehen, dass man jemandem den Hals umdrehen möchte, dass man ihn zum Teufel wünscht? Nun ist's gesagt und basta."

„Mir würde es schwer fallen", sagte Memke Pannbacker, „morgens neben jemandem aufzuwachen, der mich grade im Traum erwürgt hat und der darüber nachsinnt, wie er mich los werden könnte."

„Sie erfahren Mordgedanken vielleicht nie", sagte Christine und spießte Granat auf ein Stück Kartoffel, „da hab ich's doch besser. Die Frau eines Mannes, der solche Krimis schreibt, weiß wenigstens, woran sie ist."

„Wirklich?", fragte Mordhorst, der zurückkam und die letzten Worte gehört hatte. Er hatte Getränke und kein Giftfläschchen in den Händen. Aber Memke schien es, dass in seinen Blicken etwas Gefährliches lag. „Mörderaugen hat er", dachte sie. Das hatte sie doch gerade erst gelesen, bevor sie zur „Toten von der Marienhöhe" gegriffen hatte. Das Bändchen Erzählungen von Adalbert Stifter lag noch auf ihrem kleinen Bücherstapel.

Vor dem Fenster stieß ein Kellner die Wassermassen von den gelben Markisen und zog sie dann ein. Eine Kellnerin stellte die blauen Plastikstühle schräg, damit der Regen von ihnen ablaufen konnte. Der Wind zerrte an ihrer weißen Schürze und ihrem Haar. Memke sah das alles, aber sie kam nicht los von diesem Blick, den Mordhorst auf seine Frau geworfen hatte.

Christine hatte schnell begriffen, dass ein Zusammenhang zwischen dem eben Vorgefallenen und dem Buch bestehen musste, auf das Memke geguckt hatte. „Borgen Sie's mir?"

„Lesen Sie Die Narrenburg", sagte Memke. „Es ist fast auch ein Krimi; der Graf hat das Giftfläschchen schon in der Hand und will seine Frau vergiften, aber er tut's nicht. Nein, es ist kein Krimi, es ist ein Märchen."

„Und die Frau?" fragte Christine.

„Lesen Sie's. Sie treffen mich morgen im Strandkorb 3030."

Christine sah den blauweißgestreiften Strandkorb sofort, in dem Memke saß. Mordhorst hatte sich verkrümelt, um geeignete Mordorte für seinen neuen Krimi ausfindig zu machen.

„Die Frau war ja untreu", sagte Christine statt einer Begrüßung.

„Na und", sagte Memke, „wundert Sie das? Und Sie selbst?"

„Lassen Sie mich doch erst einmal verschnaufen", sagte Christine und setzte sich mit in den Strandkorb.

Sie begannen beide zu lachen und musterten sich gegenseitig mit Interesse und Zuneigung.

„Ich heiße Memke."

„Ich Christine. Bist du verheiratet?"

„Ich lebe seit zwei Jahren mit meinem Partner zusammen."

„Gab es bei dir nie einen Seitensprung?"

„Doch, würde ich dich sonst fragen? Ich denke aber, dein Mann misstraut dir oder er ist eifersüchtig oder was auch immer. Sonst hätte er dich doch nicht gleich auf der Marienhöhe umbringen müssen."

„Ausgerechnet dort", sagte Christine, „in einem so geschmacklosen Ambiente."

Und sie fügte hinzu: „Es war übrigens belanglos. Ich weiß überhaupt nicht mehr, warum mir der Typ damals in der Hotelbar gefallen hat. Ich kann mich nicht einmal mehr an seinen Namen erinnern. Ulrich hat seine Macken, aber er ist mir doch am wichtigsten."

„Ja, ja", sagte Memke, „das kommt mir bekannt vor: ich hasse dich, aber behalte mich. Und dabei hat er Mörderaugen."

Christine verstand nicht, was sie meinte.

Sie saßen in den nächsten Tagen oft zusammen im Strandkorb 3030, und Memke erklärte es ihr. Sie guckten auf das glänzende Meer und auf die Haufen- und Federwolken und redeten viel miteinander oder schwiegen.

Einmal ging Detlev Patzelt an ihnen vorüber, voller Hass auf Uli Mordhorst, der ihm die Reportagen wegschnappte und die Honorare raubte, aber sie achteten nicht auf ihn, sie kannten ihn ja nicht. Er sah zu ihnen hin und runzelte die Stirn. Das sind doch die Frauen, dachte er, die ich schon mehrmals mit dieser Sau gesehen habe, die mich ruiniert. Eben erst wieder hatte er ein Belegexemplar einer Zeitschrift erhalten, in dem er nur eine Kurzmeldung von sich gefunden hatte, von seinem Feind, dem Eindringling Prikryl, aber eine mehrseitige Reportage über die Norderneyer Gastronomie, reich bebildert. Die Hundertmarkscheine, die allein die Fotos gebracht haben mussten, tanzten vor seinem geistigen Auge herum. Ihm hätten sie eigentlich gehört, ihm, Patzelt, der hier zu Hause war, dem dieses Gebiet zustand. Das war doch ein ungeschriebenes Gesetz. Und dieses Hamburger Miststück, dachte er und warf nochmals einen vernichtenden Blick auf den Strandkorb 3030, dieses Dreckstück missachtete das alles. Und die Hoteliers auf den Inseln spielten diese üble Farce mit. Und die Redakteure, die doch wussten, dass Prikryls Gebiet Hamburg war und nicht Norderney, die waren ebenfalls seine Komplicen. Drecksäcke, sagte Patzelt zu sich selbst.

Am Himmelfahrtstag stand am Morgen ein Vatertagsgeschenk vor Prikryls Hotelzimmertür. Herrenschokolade und Likör.

„Wie großzügig von der Hoteldirektion", sagte Christine, aber Mordhorst fand das ganz angemessen.

„Herrenschokolade ist nur für mich", sagte Ulrich.

Und Christine konterte: „Was für Herren gut ist, ist auch gut für mich."

An diesem Abend tafelte Ulrich Prikryl mit seinen kulinarischen Fachjournalisten, und es wurde spät. Christine war müde, sie hatte mit Memke eine Radtour unternommen, und blieb im Hotelzimmer. Sie aß von der Herrenschokolade und trank von dem Likör.

Als Mordhorst gegen halb zwei aus der Hotelbar kam, atmete sie schon nicht mehr.

Nicht nur Memke Pannbacker, auch Kommissar Gerrit Trauernicht hielt Ulrich Prikryl zunächst für ihren Mörder, bis sich herausstellte, dass Patzelt auf einem Flohmarkt für 50 Pfennig das Taschenbuch MordsMenü erworben hatte, das ihn zu der Sache mit dem Arsen inspirierte. Die vergiftete Schokolade und der vergiftete Likör waren ausdrücklich für seinen Konkurrenten, den Honorarräuber, gedacht gewesen.

Memke, die im Strandkorb 3030 Malina las, blieb bei ihrer Meinung: Wer auch immer die Herrenschokolade vergiftet haben mochte, Christines wahrer Mörder war ihr Mann, der Mann mit den Mörderaugen und seinen todbringenden Sätzen.

Sein Ruhm hatte schwarze Flügel.

Gertrud Bruns

Mareike im Glück

Sommer 1997

Es war ein unglaublich heißer Tag, jedenfalls für Ostfriesland, und der Pastor wünschte sich sehnlichst das übliche Sommerwetter herbei: Temperaturen um die 15 Grad, garniert mit gelegentlichen Schauern und böigen Winden. Pastor Johannes Bode hatte es sich neuerdings zur Aufgabe gemacht, jede Familie im 500-Seelen-Dorf Dyksum aufzusuchen, nach Sorgen und Nöten zu fragen und dabei den unvermeidlichen Ostfriesentee zu trinken. Deshalb steuerte er jetzt seinen Wagen die kopfsteingepflasterte schmale Dorfstraße entlang. Ausgangs der Kurve sah der Pastor schon das gepflegte Fehnhaus mit der Nummer 23. Dieser Familie würde heute sein Besuch gelten.

Das Eigenheim der Familie Bronsema befand sich auf der linken Straßenseite, nur durch einen schmalen Gehweg vom Pflaster der Dorfstraße getrennt. Der Pastor hielt nach einem Parkplatz Ausschau und lenkte dann seinen Kleinwagen in eine der drei freien Parkbuchten rechts der Straße. Er wischte sich mit einem riesigen Taschentuch großzügig über Stirn und Nacken, nahm das kleine Gebetbuch, ein Geschenk, das jede Familie bekam, vom Beifahrersitz, und schwang sich ächzend aus dem Fahrzeug.

Als er sich anschickte, die Straße zu überqueren, kam ein schwarzer BMW angebraust. und rauschte schwungvoll in die Parkbucht direkt hinter seinen alten Polo. Der schnelle Wagen und vor allem der rücksichtslose Fahrstil waren in Dyksum und Umgebung berühmt und berüchtigt. Dr. Jordan, Praktischer Arzt, fuhr wie der Teufel, ob er nun jemanden vor dem Erstickungstod retten oder einfach nur im Laden an der Ecke einkaufen wollte. Er sprang aus dem Wagen, ein kleiner, drahtiger Mann mit pechschwarzem Haar, in der Hand die Arzttasche.

„Herr Pastor, warten Sie bitte einen Moment. Ich bin froh, dass ich Sie gerade treffe, vielleicht können Sie mir helfen."

Der Geistliche warf einen schrägen Blick auf die Tasche, und es war ihm anzusehen, dass er nicht erpicht darauf war, den Arzt bei einer Hausgeburt zu unterstützen oder womöglich gar jemanden festzuhalten, dem kurzerhand auf dem Küchentisch ein paar Gliedmaßen amputiert werden sollten. Schon gar nicht bei 30 Grad im Schatten.

Der Arzt deutete den Blick richtig. „Oh nein, Herr Pastor, nicht doch."
Er deutete auf die Tasche und zuckte entschuldigend die Achseln.
„Reine Gewohnheit. Es handelt sich nicht um einen medizinischen Notfall, wenn er mir auch Bauchschmerzen bereitet."
Seine Stirn legte sich in Falten, und er sah tatsächlich sehr besorgt aus.
„Es geht um Renke Lübbers aus der Krummhörner Straße. Ich muss ihm mal wieder ins Gewissen reden, und ich würde es sehr begrüßen, wenn Sie mitkommen könnten."
Pastor Bode war sofort klar, dass er seinen Besuch bei den Bronsemas verschieben musste. Landwirt Renke Lübbers hatte seine Frau am Vorabend im Alkoholrausch heftig geschlagen, und zwar nicht zum ersten Mal. Sein Hausarzt musste ein ernstes Wörtchen mit ihm reden, gewiss konnte es nicht schaden, wenn auch ein Geistlicher zugegen war. Mit viel Glück würde Lübbers den Ernst der Lage erkennen, und gemeinsam konnten sie ihn vielleicht zu einer Entziehungskur überreden.
„Natürlich komme ich mit. Warten Sie nur einen kleinen Moment."
Er schaute auf das Gebetbuch in seiner rechten Hand. „Ich will den Bronsemas nur schnell das Büchlein reinreichen. Ich habe mich zwar nicht angemeldet, aber es scheint jemand zu Hause zu sein."
Mit dem Kopf deutete er auf das Küchenfenster. Die Gardine bewegte sich leicht.
Der Arzt war nicht sehr erfreut über diese Verzögerung. Er wollte die unangenehme Aufgabe möglichst schnell hinter sich bringen. Außerdem hatte er sich Unterstützung durch die Polizei erbeten. Hauptkommissar Campen würde in wenigen Minuten am Hof eintreffen, um zu verhindern, dass Lübbers, der ungebetene Besucher nicht sonderlich schätzte, Arzt und Pastor mit der Mistgabel den Garaus machte. Aber andererseits würde Campen auch mal kurze Zeit warten können.
„Gut, Herr Pastor, die zwei Minuten ändern nun auch nichts mehr. Ich spreche mal mit dem jungen Bronsema, mit Lennert. Er will sein Motorrad verkaufen, und ich möchte mir die Maschine mal kurz ansehen. Irgendwann", er breitete die Arme aus, um anzudeuten, dass er selbst nicht recht daran glaubte, „irgendwann werde ich vielleicht ein bisschen Zeit für meine Hobbys haben!"

Sie überquerten gemeinsam die Straße und den Fußweg und gingen die Auffahrt entlang. Es war ein hübsches Haus. Gepflegter Vorgarten, Blumenkübel im Hauseingang, eine rustikale Bauerngardine im Küchenfenster. Über dem Klingelknopf verkündete ein handgetöpfertes Schild: *Hier wohnen Mareike, Freerk und Lennert Bronsema*. Pastor Bode lächelte, als er auf den Knopf drückte. „Hier wohnt das Glück", sagte er.

Was ist Glück? Darüber dachte Mareike Bronsema nach, während sie summend die Terrasse fegte. Was ist Glück? Vielleicht, dass man seinen Platz im Leben gefunden hat. Wie ich. Mein Haus. Mein Mann. Mein Sohn! Es hört sich an wie in diesem Werbespot. Glück... so kostbar. Und so vergänglich...
Mareike setzte sich für einen Moment auf den Liegestuhl, den Besen in der Hand. Manchmal überfiel sie aus heiterem Himmel der Gedanke, dass Gott oder wer auch immer zuviel Glück bestrafen könnte. Nicht, dass sie besonders gläubig war. Das Übliche eben. Taufe, Konfirmation und Kirchensteuer. Aber sie wurde das Gefühl nicht los, sich etwas Ungehöriges herauszunehmen, wenn sie mit sich und der Welt zufrieden war, wie früher, wenn sie juchzend und kreischend mit ihrem Bruder im Garten herumtollte, bis die Mutter energisch an das Küchenfenster klopfte. Die Kinder trollten sich dann mit hängenden Köpfen an ihre Arbeit. „Nach Lachen kommt Weinen", hieß es dann immer. Genuss, Glück, absolute Hingabe... dies alles hatte sie erst mühsam lernen müssen, wie lesen oder Rad fahren. Und manchmal, besonders an einem perfekten Tag wie heute, hörte sie wieder das Klopfen an der Fensterscheibe und zog unwillkürlich den Kopf ein.

Mareike bekam eine Gänsehaut, trotz der Hitze. Sie ging hinein und spülte die unfreundlichen Gedanken mit einer Tasse Tee hinunter. Kurze Zeit später kam auch schon Freerk von der Arbeit. Er hatte diese Woche Frühschicht im VW-Werk, genau wie Lennert, der sich in den Semesterferien das Geld für ein neues Motorrad verdienen wollte. Die beiden planten vor dem abendlichen Grillen noch eine Spritztour mit der Suzuki. Als sie lachend in der Tür standen und sich die Helme überstreiften, hatte Mareike plötzlich das Bedürfnis sie aufzuhalten. „Bleibt hier!", flehte sie stumm. „Fahrt nicht!" Sie hätte am liebsten die beiden an den

Ärmeln der Lederjacken zurück ins Haus gezerrt. Doch sie zwang sich zu einem Lächeln. „Viel Spaß", meinte sie nur und ging auf die Terrasse, um den Salat zu putzen.

Winter 1999

Dichter Nebel umhüllte die „Pünte", aber der traditionsreiche Gasthof an der Jümme war trotz des unwirtlichen Wetters wie immer gut besucht. Änne Vollmer hatte in weiser Voraussicht für das Weihnachtsessen des Gitarrenchors einen Tisch reservieren lassen. Langsam füllte sich der festlich dekorierte Raum, der gerade genug Platz für die zwölf Musikerinnen bot. Die Letzte war Mareike, wie immer, die ihr Zuspätkommen mit depressiven Verstimmungen entschuldigte – auch wie immer. Sie habe erst überhaupt nicht kommen wollen, um den anderen nicht den Abend zu verderben, aber dann habe sie sich doch aufgerafft... Bei jeder Feier die gleiche Leier.

Mareike spielte Bassgitarre bei den Carbo-Singers, seit sie vor zwei Jahren nach Leer gezogen war. Änne und die anderen hatten nach und nach ein wenig über Mareikes traurige Geschichte erfahren. Mann und Kind waren bei einem Unglück ums Leben gekommen, und daraufhin hatte sie ihrem Geburtsort Dyksum den Rücken gekehrt, um Abstand zu gewinnen. Die einzige freie Stelle gab es an der Greta-Schoon-Schule in Leer, und so war Mareike notgedrungen in die Leeraner Altstadt gezogen, nur 60 Kilometer Luftlinie von dem Ort entfernt, an den sie nie wieder zurückzukehren gedachte.

Mareike war eine gute Musikerin und meisterte auch die schwierigsten Stücke ohne Probleme, aber ihre stille, extrem introvertierte Art ging den anderen Frauen manchmal auf die Nerven. Es wurde bei den Proben oft gelacht und herumgealbert, aber Mareike wartete nur mit versteinertem Gesichtsausdruck auf ihren nächsten Einsatz. Bei Feierlichkeiten ging es immer hoch her. Sekt und anzügliche Witze machten die Runde, doch Mareike saß mit hängenden Mundwinkeln da und war fast immer bei der erstbesten Gelegenheit verschwunden. Beim Sommerfest hatte sie plötzlich geschrien: „Nach Lachen kommt Weinen!", war aufgebracht in ihren Wagen gesprungen und davongerauscht. Seitdem ließ Änne sie einfach links liegen. Sie wollte anscheinend nicht reden, sondern nur leiden, und Änne hatte das Gefühl, als sei Mareike zeitweise nicht ganz normal.

„Ob ihr es glaubt oder nicht, ich kann einfach nicht mehr!", stöhnte Änne eineinhalb Stunden später und legte demonstrativ ihr Besteck auf den Teller. „Ich bestelle jetzt Aquavit für alle!" Sie saß der Schiebetür, die den Clubraum von der Gaststube trennte, am nächsten, deshalb lehnte sie sich weit zurück und öffnete mit einer Hand die Tür einen Spalt, so dass sie der Bedienung ein Zeichen geben konnte.

Mareike unterhielt sich mit den anderen Frauen über ein neues Projekt, eine Tournee im nächsten Sommer. Nebenan, im Schankraum, wurde es plötzlich laut. Eine Männergruppe kam aus dem kleinen Saal, der „Upkamer", und war offenbar im Aufbruch begriffen, denn es wurde lautstark nach dem Koch verlangt, weil jeder sich persönlich für das vorzügliche Essen bedanken wollte. Einige der Herren waren dabei, ihre Schals umzuschlingen, andere suchten noch im Portemonnaie nach einem angemessenen Trinkgeld oder durchwühlten die Manteltaschen nach den Autoschlüsseln.

Durch den Spalt in der Schiebetür gewahrte Mareike einen etwa 45-jährigen, großgewachsenen Mann. Auch er schien zu der Gruppe zu gehören. Er bemühte sich gerade, ein kleines Geschenk, bestehend aus zellophanverpacktem Autoshampoo und Lederlappen, in seiner Manteltasche zu verstauen. Dabei kicherte er unablässig – er hatte wohl ein Bier zuviel getrunken – und immer wieder fiel ihm das Geschenk zu Boden, weil seine Kollegen ihn in die Mitte nahmen, um zu schunkeln. „Wir sind Ostfriesenkinder…"

Mareikes Verstand weigerte sich noch, zu registrieren, wer dort, nur wenige Meter von ihr entfernt, in der Gaststätte stand, als ihr Körper bereits reagierte. Sie beugte sich vor und begann heftig zu würgen. „…und haben frohen Mut…" Wie in Trance schob sie ihren Stuhl zurück, stand auf und bewegte sich ruckartig, wie ein Roboter, zur Tür. „… Wir wohnen an den Deichen…" Langsam schob sie die Türelemente Stück für Stück auseinander, während sie den Gast anstarrte, der nun grinsend an der Theke stand und den spontan entstandenen Männerchor mit beiden Händen dirigierte. „…wo Ebbe ist und Flut…" Er trug eine warme Lammfelljacke, Jeans und hellbraune Boots. Er hatte dunkelblondes, schon leicht schütteres Haar, und um Augen und Mund hatten sich tiefe Falten eingegraben, die nicht so recht zu seiner jungenhaften Erscheinung passen wollten.

Den Chorknaben war offensichtlich der Text entfallen, sie sangen noch ein paar Takte auf „lalala" und brachen dann alle miteinander in lautes Gelächter aus, in das auch der Dirigent einstimmte.

Mareike stand immer noch in der Tür. Erneut würgte sie heftig. Alle waren inzwischen auf sie aufmerksam geworden. Die Gespräche verstummten nach und nach. Nur der Mann mit der Felljacke hatte nichts von der veränderten Atmosphäre bemerkt. Wieder mühte er sich mit seinem Geschenk, während das Papier laut knisterte.

Plötzlich sprang Mareike nach vorn, griff sich eine Flasche Kräuterschnaps, die zur Dekoration auf der Theke stand, hob beide Arme und ließ die Flasche kraftvoll auf den Schädel des Mannes niedersausen. Der schaute Mareike einen Augenblick lang überrascht an und sackte dann lautlos zusammen, die Beine weit von sich gestreckt. Blut rann aus einer klaffenden Wunde und floss auf den Kragen der Felljacke.

Zwei der Begleiter des Mannes stürzten auf Mareike zu, wollten sie festhalten, als ob das noch zu etwas nütze sei, während die Kellnerin sich mit kalkweißem Gesicht neben das Opfer kniete. Sie war geübt in erster Hilfe, doch auch sie konnte nichts mehr ausrichten. Nachdem sie den Puls gefühlt und in die Augen des Opfers gesehen hatte, sagte sie: „Er ist tot".

Änne rührte sich als erste. Sie baute sich vor Mareike auf, fasste sie bei den Schultern und schüttelte sie heftig. „Warum hast du das getan?", schrie sie. „Um Gottes Willen, wer ist das?"

Langsam hob Mareike den Kopf. Mehr zu sich selbst als zu den Umstehenden sagte sie: „Das ist mein Mann." Dann wurde sie ohnmächtig.

Elsa Sangen-Emden, die Kellnerin, witterte ihre große Stunde. Sie war ein Organisationstalent, außerdem war ihr Mann bei der Bundeswehr beschäftigt. Sie schlug vertrauten Befehlston an, und gehorsam ließ sich die Männergruppe samt Gitarrendamen in den kleinen Saal bugsieren. Mareike, inzwischen wieder bei Besinnung, wurde in den Clubraum geschafft. Änne sollte sich um sie kümmern und ihr bei einem erneuten Schwächeanfall einen starken Schnaps einflößen. Elsa Sangen-Emden wählte derweil den Polizei-Notruf. Ja, ein Mord habe sich ereignet. Richtig, in der „Pünte".

Die Täterin werde festgehalten, der Tote nicht angerührt. Natürlich werde man auf das Eintreffen der Kriminalpolizei warten. Ein Krankenwagen sei wohl nicht mehr vonnöten.

Mareike hatte sich, am ganzen Leibe zitternd, wieder auf ihren Platz gesetzt. Änne hielt es für angezeigt, mit etwas Hochprozentigem dem Schock entgegenzuwirken, und sie schenkte sich selbst auch einen Doppelten ein. Noch einen für Mareike, noch einen für Änne. Schließlich wurde Mareike etwas ruhiger.

Änne wusste nicht so recht, wie sie sich verhalten sollte. Ihre Bekannte hatte gerade ihren Mann umgebracht, der angeblich schon seit zwei Jahren tot war. Eine nicht alltägliche Situation. Einerseits wollte sie Mareike nicht noch mehr beunruhigen, indem sie indiskrete Fragen stellte. Andererseits brannte Änne vor Neugier. Schließlich fasste sie sich ein Herz und räusperte sich. „Noch einen?", begann sie das Gespräch und deutete auf die Schnapsflasche. Mareike schüttelte den Kopf. Dann schaute sie Änne an.

„Er war nicht tot", sagte sie mit unnatürlich hoher Stimme. „Mein Mann war nicht tot, er lebte in unserem Haus in der Krummhörn." Sie begann hysterisch zu lachen und schüttelte dann heftig den Kopf, dass die braunen Locken flogen. „Mein Sohn studiert in Kiel."

Sie stützte die Ellbogen auf den Tisch und verbarg das Gesicht in den Händen. So verharrte sie eine Zeitlang, und Änne, die mit diesen spärlichen Informationen nicht allzuviel anzufangen wusste, dachte schon, das Gespräch sei beendet. Mareike erhob sich langsam und wankte zum Fenster. Kurze Zeit schaute sie angestrengt hinaus, als versuche sie in dem dichten Nebel wenigstens einen einzigen Stern zu erkennen.

„Wir waren glücklich. Freerk, Lennert und ich. Welche Familie kann das schon von sich behaupten? Und dann kam dieser heiße Sommertag. Wir wollten grillen, aber meine Männer mussten ja unbedingt noch mit dem Motorrad fahren. Sie wollten um sechs zurück sein. Zur Abendbrotzeit. Sie waren immer pünktlich, immer. Es wurde viertel nach sechs, und der Grill qualmte vor sich hin. Der Salat war geputzt, die Terrasse gefegt. Alles perfekt".

Sie schaute auf ihre Armbanduhr, als müsse sie sich noch einmal den chronologischen Ablauf des unseligen Abends vergegenwärtigen.

„Um halb sieben bekam ich langsam Angst. Das heißt, die Angst war eigentlich immer da. Gerade weil wir so glücklich waren, dachte ich manchmal, das kann doch nicht immer so weitergehen. Mareike, mach dir nichts vor. Es passiert so viel Schlimmes in der Welt, warum sollte das Schicksal gerade dich und deine Familie verschonen?

Um viertel vor sieben war ich krank vor Sorge. Sie hatten sich noch niemals verspätet, und jetzt waren sie schon fast eine Stunde überfällig. Immer wieder schaute ich aus dem Küchenfenster. Und dann sah ich Pastor Bode. Er hielt an der Straße und stieg aus. Eine Minute später kam der BMW. Unser Hausarzt. Sie unterhielten sich kurz und machten sorgenvolle Gesichter. Dann wandten sie sich unserem Haus zu. Plötzlich begriff ich!"

Mareike schluchzte einmal laut auf, aber sie fasste sich gleich wieder.

„Änne, du bist auch auf dem Land aufgewachsen. Du weißt, was es bedeutet, wenn der Pastor und der Hausarzt vor deiner Tür stehen, während dein Mann und dein Junge mit dem Motorrad irgendwo da draußen sind...

Und dann standen sie vor meiner Tür und klingelten, und dann hielt auch noch die Polizei vorne an der Straße, und dann – setzte ich mich auf die Treppe und schrie, schrie!"

Mareike ging weinend wieder an ihren Platz. Sie schenkte sich selbst einen Schnaps ein, den sie in einem Zug austrank. Dann knallte sie wütend das Glas auf den Tisch.

„Soll ich dir sagen, was der Pastor bei uns wollte? Er wollte uns besuchen und uns ein Buch schenken. Nett, oder? Der Arzt kam wegen des Motorrads. Anschließend wollten die beiden weiterfahren, um dem alten Lübbers ins Gewissen zu reden, und der Polizist sollte sie begleiten. Ist das nicht absurd?" Sie schaute Änne fragend an, als erwarte sie tatsächlich eine Antwort.

„Freerk und Lennert kamen um sieben nach Hause. Eine Stunde zu spät. Sie waren zur Kieskuhle gefahren, und die verdammte Maschine hatte den Geist aufgegeben. So simpel war das."

Mareike stand wieder auf und lief im Zimmer auf und ab. Nebenan war es unruhig geworden. Sie hörten die tiefe Stimme eines Mannes, der Fragen stellte, und die leiseren Antworten der Kellnerin. Anscheinend war die Polizei eingetroffen.

„Ich weiß, was du jetzt denkst", sagte Mareike jetzt ruhig, beinahe kalt. „Ich weiß, was alle denken. Gut, sie hat etwas Schlimmes erlebt. Sie dachte, ihrer Familie sei etwas passiert. Aber tatsächlich ist nichts passiert, außer dass der Grill schon durchgeglüht war, bevor ein Würstchen drauflag. Na und? Es hätte doch alles wieder in Ordnung sein müssen, als Freerk und Lennert mit dem Motorrad in die Garage fuhren. Was ist nur mit der Frau los? Warum kann sie nicht einfach zur Tagesordnung übergehen und die ganze Sache vergessen, abhaken, ein für allemal?

Aber du hättest mich sehen sollen, Änne. Ich saß auf der Treppe und schrie ununterbrochen. Hast du jemals geschrien, seit du erwachsen bist? Ich schrie, weil ich überzeugt war, meine Familie sei tot, die Liebe meines Lebens und mein einziges Kind. Der Pastor und Dr. Jordan standen ratlos vor der Tür, die ich nicht zu öffnen imstande war, und in dem Moment kamen Freerk und Lennert nach Hause. Ich bot ein Bild des Jammers. Das Gesicht abwechselnd knallrot und schreckensbleich, eine völlig aufgelöste Frisur, verrutschte Kleidung und ein irrer Blick. Herzlichen Glückwunsch. Freerk versuchte natürlich, vernünftig mit mir zu reden, aber es war zwecklos. Was sollte ich auch sagen? Ach, das ist ja fein, du lebst ja noch, und der Sohnemann auch, prima, dann setzt euch schon mal auf die Terrasse, der Senf kommt gleich?

Nein, Änne, so einfach ist das nicht. Man gab mir Beruhigungsmittel und verfrachtete mich ins Bett, aber sobald Freerk ins Zimmer kam, musste ich mich übergeben. Ich dachte, es wird schon wieder, du brauchst nur ein bisschen Zeit, aber nichts besserte sich. Ich nahm jede Hilfe an, Hypnose, Akupunktur, Psychotherapie, Wunderheiler... aber nichts half. Jedesmal, wenn ich nach Hause kam, wartete Freerk auf mich, und immer musste ich sofort würgen, wenn ich ihn sah. Das war kein Leben mehr für uns. Lennert kam an den Wochenenden nicht mehr nach Hause, und ich packte schließlich meine Sachen und zog aus. Ich wog noch 45 Kilo."

Nebenan wurden jetzt Stühle zurückgeschoben, die Vernehmung der Kellnerin und die Untersuchung des Leichnams waren anscheinend abgeschlossen, und in wenigen Augenblicken würde die Polizei hereinkommen.

„Aber warum", flüsterte Änne, „warum hast du ihn umgebracht?"

Mareikes Blick war plötzlich vollkommen konzentriert, so als habe man ihr eine Prüfungsfrage gestellt, und sie brauche nur wenige Sekunden, um die richtige Antwort zu präsentieren. Doch dann schüttelte sie sehr langsam den Kopf und schaute gedankenverloren auf ihre Hände.

„Wenn er doch nur nicht gelacht hätte..."

Jürgen Alberts

J. B. Cool
meets
Raymond Chandler

Bücher können niemals Pflastersteine sein, sagten die 68er, auch wenn sie noch so schwerwiegend sein mögen. Ein geworfenes Argument zählt eben mehr. Wer hätte je mit einem Keller-Roman eine klassenfeindliche Schaufensterscheibe erklirren lassen, mit einem Band Shakespeare ein Polizeirevier in Aufregung versetzt oder gar mit dem lyrischen Gesamtwerk von Benn den Wagen des Kanzlers angegriffen. Samt Chauffeur. Und doch werden die 68er noch heute dafür abgestraft, dass sie es nie versucht haben. Um so einen Vorgang handelte es sich diesmal jedoch nicht.

„Philip", rief ich, „Philip", auch schon mal: „Phil."

Meine kleine Sammlung von Pflastersteinen begann ich in Prag. Schöne, weiße, handliche Steine, auch in Siena nahm ich einen mit, grau-schwarz gemustert, aus Paris holte ich gleich drei Stükke, historisch, vielleicht hatte Cohn-Bendit drauf gestanden. Als ich das erste Dutzend zusammenhatte, benutzte ich die Wurfgeschosse als Bücherständer. Am Regalende, gut sichtbar. Gelegentlicher Fremdeinsatz weiterhin nicht ausgeschlossen. Denn unter dem Pflaster liegt die Wunde. Und die kann in Big Germany nicht groß genug sein. Schluss jetzt.

„Phil", rief ich wieder, aber der Spiegel antwortete einfach nicht. Stellte sich taub. Als hätte er mich noch nie gesehen. Ich musste ihn mal zur Reparatur schicken. Auch wenn er ein gutes Schnäppchen war. Und dabei heißt es doch immer, Spiegel lügen nie. Besonders nicht abends.

„Phil", ein letzter Versuch. Dann gab ich Ruhe. Vor dem Sturm.

Aus dem linken, unteren Fach holte ich meine ungarische Wasserpfeife, Marke: Rausch Gigant, bröselte besten Afghan aufs durchlöcherte Aluminium und nahm ein paar Züge, die der Verkehrsminister nicht aus dem Fahrplan streichen konnte, so sehr ihm an der Zerstörung des öffentlichen Verkehrs gelegen war. Huch, kam das gut. Gleich noch einen ICE hinterher. Die Lungen entspannten sich, die Zehen, der Magen schaukelte beruhigt und erregt in meinem Zwerchfell, der Kopf geriet in eine Umlaufbahn, deren Gesetze Kepler erst noch entdecken musste. Geschwindigkeit der Hirnrinden, Raserei und Denkgestürm.

Das Buch, das mein Assistent mir überließ, hieß: „Der große Schlaf" und war mir sofort so verdächtig.

Auf dem Titel stand als Autor: Chandler. Keine besonders gute Tarnung. Das Buch versetzte mich in miese Stimmung. Wut, völlig außer mir, Rage, obwohl mein Doc immer sagt, ich sei aggressionsgehemmt und könne deswegen kein Toupet tragen. Ich hätte zum Telefon gegriffen, wenn ich nicht so rot geglüht und vorschnell den Hörer in Brand gesetzt hätte. Wie kam dieser Knilch von einem Schreiberling dazu, meinen gerade laufenden Fall zur Vorlage seines Romans zu nehmen? So ein fettes Stück Dreck! Hätte er nicht wenigstens bei mir anfragen können? Oder Tantiemen zahlen? Oder, was weiß ich denn. Ich musste den Copyright-Henker bemühen, sein Scharfbeil zu schleifen. Am besten einen aus dem Stammhaus Brecht, die schlugen immer gerne voll zu. Das war doch eine echte Ungebührlichkeit. Lumpen allerorten, wohin man auch schaut.

Nochmal setzte ich Ungarn in Betrieb, um mir zwei weitere brennende Aschenereignisse haschischweise zu verpaschen. Huch, das kam besser.

Bei diesem Chandler heißt mein Lüders Sternwood, na gut, kein dummer Name. Strengwald wäre mir nicht eingefallen, muss ich zugeben. Sibylle nennt sich Carmen und Bettina Mrs. Regan, auch noch falsch geschrieben, o.k., gebongt. General Strengwald sitzt im Gewächshaus, krank, debil, kaum zu einem Genuss befähigt. Ging es meinem Ex-Lüders besser? Woher weiß dieser Chandler von meinem Fall?

Da hat ein Mann, zwei Männer?, zwei Töchter, oder doch nur eine?, und die machen so einen Unfug, dass er in seiner Not zu falschen Mitteln greift. Nur, dass er diesen Marlowe angestellt hat, das ist große Klasse.

Wieder war die Wasserpfeife erloschen. Ich musste nachlegen. Zwei bis drei Brösel von diesem Wunderhasch reichen ja dem gewöhnlichen Euro-Kiffer aus, aber bei mir braucht es häufiger Nachschlag, wie in der Uni-Mensa, wo hungrige Proseminaristen mehrfach zur Ausgabestelle rennen. Ohne Essensmarke, versteht sich.

Nun war der Pegel erreicht, von dem die Gesundheitsministerin sagte: „Es gibt Grenzwerte, vor denen selbst wir kapitulieren müssen." Sie spielte damit auf ihren Blutzucker an. Oder ähnlich Grausiges.

Leider war ich zu faul zu schreiben, sonst hätte ich diesem Chandler sofort eine drohende Mahnung auf den Pelz gejagt: Lieber Chandler, wenn du dich nochmal an meinen Klienten vergreifst, dann komme ich persönlich rum und dann, gnade-dir-Literatur…

Es war ja niemals einfach, mit Büchern zu schießen, und selbst die Westernhelden wie Tom Mix haben da jämmerlich versagt, von John Wayne ganz zu schweigen, diesem Square-Dance-Denker. Aber es gibt Momente im Leben eines Autors, wo er sich sein letztes Werk an die Schläfe setzen sollte. Und abdrücken, versteht sich.

Noch einen langen Zug und ich stand hinterm kurzen Ziel. Das Streichholz, Marke: Extra-Flame, spritzte Flammen, der Afghan glühte morgenrot, das Alu schimmerte buttergolden, der weiße Qualm schlug sich im Wasser nieder, wie ein Strudel in norwegischen Fjorden, Saltestraumen, dann kam der Genuss in meine Gurgel und gurgelte mich in die nächste Realität. Ich muss mich mal wiederholen dürfen: Am opiaten Wesen wird die Welt genesen, soll einmal ein Lieblingsspruch der Dadaisten gewesen sein.

Ohne die Tür aufzumachen, standen plötzlich zwei Männer in meinem Büro. Gleicher grauer Anzug, gleicher grauer Hut, unterschiedlich blass gefärbte Gesichter, Schuhe in braun und grün, als hätten sie am Morgen nicht aufgepasst. Aber beide in Schwarz-Weiß. Nix Color. Der eine setzte sich. Wo sich die armen Bittsteller hinsetzen, wenn sie mir ohne Fortüne einen Auftrag zuschustern wollen.

Der andere ging mir sofort an die Wäsche. „Du nimmst sofort die Finger aus meinem Fall, J.B., ist das klar? Sonst lasse ich dir ein paar Eisenbahnbrücken auf den Kopf fallen, dass du glaubst, der Sommer sei zu Ende. Oder welche Jahreszeit du sonst bevorzugst."

Nun opponiere ich nur, wenn ich keinen doppelten Ohrwärmer erwarte.

„Du stehst schon lange auf der Abschussliste. Was heißt auf einer? Ich kenne mindestens sechs dieser Abschusslisten und immer ist dein Name ganz oben."

„Welche denn?" Das wollte ich schon ein bisschen genauer wissen.

Abschusslisten nennen die Franzosen, die zwischen Lyon und Dijon einen großen Unterschied machen, die kleinen, weißen Zettel, wo alle Feinde der Grande Nation verzeichnet sind, ob es sich da um Rainbow Warrior I bis III handelt, um algerische Freischärler oder gefälschte Camemberts. Immer wird irgendwas versenkt, verschüttet oder vergraben. Pour le Mérite soll der Schelm heißen, der dafür zuständig ist.

„Frag Joe Brody, der kennt die Namen und die jeweiligen Schießeisen, die auf dich gerichtet sind. Übrigens auf meiner Liste, da stehst du auch."

„Ich denke, Joe Brody ist hops. Weg. Ab. Unter dem Pflaster. Beim Primelnzählen. In den Rabatten. Kein Joe Brody mehr am Ort."

„Halt die schwachsinnige Klappe, J.B. Aber wer kann schon von einem billigen Kiffer mehr verlangen als dieses nichtssagende Gebrabbel."

Mit diesen ungehörigen Worten zog er eine Wumme hervor, die ich noch nie gesehen habe. Naher Osten, ferner Westen, mittleres Mexiko. Könnte aber auch reines Kaschmir sein, die haben da so Pistolen, die von hinten durch die Brust ins vordere Auge schießen. Da braucht man gar nicht selbst als Zielscheibe aufzutauchen. Die treffen jederzeit und immer.

„So viele Kanonen in der Stadt und so wenig Gehirn. Sie sind in den letzten Stunden schon der zweite, der mir über den Weg läuft und sich einbildet, er hielte die Welt beim Schwanz, nur weil er eine Wumme in der Hand hat", rezitierte ich, was ich gerade in Theos Leihgabe gelesen hatte. Literatur soll ja Menschenleben retten. Besonders meins.

„Hör auf mit dem Zitieren", rief der andere Mann schwarz-weiß aus seiner Ringecke, „das kommt dich teuer zu stehen."

Ich saß ja noch und hatte gar nicht damit gerechnet, dass er auch den Mund aufbekam, sah mir eher aus wie eine plattgeschlagene Hähnchenbrust kurz vor dem Grillen.

Die Wumme zielte direkt auf den Körperteil, den sich die Affen im Zoo am häufigsten kratzen.

„Soll ich meinen Freund sprechen lassen?"

„Welchen?", fragte ich zurück.

Manchmal ist es ja besser, vor der Hinrichtung noch etwas zu sagen, und wenn es ein Aufruf zur allgemeinen Anarchie ist.

Der Typ legte die Wumme auf meinen wackeligen Schreibtisch. Stetig zielte sie genau auf mich, folgte meinen Bewegungen wie ein Magnet. Vielleicht durfte ich nicht soviel Eisenkraut fressen, um vor diesem schießwütigen Gerät sicher zu sein.

Das konnte ich natürlich in dieser Lage nicht mehr ertragen. Mit den Füßen angelte ich mir die blaue Spielzeugpistole,

Nr. 1 meiner Sammlung, im Gegenwert von 3,95 DM, und richtete sie auf den Angreifer. Guter Trick, was?

Er hob die Hände.

„So, nun spielen wir das Spiel von dieser Seite aus", sagte ich mit einer Stimme, die selbst den Berliner Zörgiebel vom Blutmai 1929 erschreckt hätte.

„Wie lauten die Regeln?" Auch der Schwarz-Weiß-Mann in der Ecke erhob sich. Jetzt sah ich endlich sein Gesicht. Bebrillt, was sag ich, altmodisch bebrillt. Die Augen dahinter blassgrünbraun mit einem Schuss ins Nachdenkliche.

„Name?"

„Marlowe, Philip", sagte der eine, dessen Hände höher ragten, als er jemals geglaubt hätte.

„Beruf?"

„Befehlsverweigerer."

Das gefiel mir. Der Mann hatte Format.

„Stehen Sie bequem", riet ich ihm. Und er folgte meinem Befehl, ließ aber meine Waffe nicht aus dem Blick.

„Und Sie?"

„Raymond Chandler."

„Beruf?"

„Schreibtischtäter."

Noch vor ein paar Tagen hatte ich eine wunderbare Karikatur von Til aus New York gesehen, wie einer an der Straßenecke sein Opfer mit einem Schreibtisch erledigt. Und so jemand stand jetzt vor mir. Ging ganz schön flott, was?

„Und was führt sie beide gerade zu mir?"

Chandler stand auf und verpasste mir einen Denkzettel, an dem ich heute noch herumdenke.

Kann es ein Leben ohne literarischen Abklatsch geben?

Bitte melden, bitte melden, SOS.

J.B.Cool in Not.

Wenn doch wenigstens Theo da wäre, der mir die meisten Steine aus dem schmalen Fußweg nahm.

Marlowe funkelte mich an: „Gib zu, du mieser Weisenheimer, dass du keine Ahnung hast, in welcher Bredouille du dich befindest?"

Er sprach das französische Wort wie eine vergiftete Hühnerbrühe aus.

Aber er hatte Recht.

Das musste ich ihm lassen.

Klaus Thomas Schnittger

Tiefenrausch

Alfredo nippte an seiner Espressotasse, schlürfte genüsslich den starken Sud, schmunzelte verschmitzt über den himmelblauen Filzschriftzug auf weißem Porzellan: *Titanic*. Abergläubisch war er nicht, er streifte lässig mit dem Zeigefinger über die speckige Krempe seines Beuys-Hutes. „Ey, geiler Hut", rief Uwe hinter der Theke zu ihm herüber. „Sollen wir tauschen, meinen Ernest gegen deinen Joseph?"

„Nö, lass man, Junge, du weißt doch, der Hut, den man auf dem Kopf trägt, prägt das Bewusstsein."

„Hey, Mann", tönte jemand vom Nachbartisch herüber. „Ich hab zu Hause noch 'ne Pan-Tau-Melone, dann bisse unsichtbar, wie wärs?"

Marleen, die gerade ihr Lippenstiftrouge aufgefrischt hatte, lästerte: „Kannze nix machen, der ist doch Exhibitionist, der will gesehen werden, verstehse?" Sie bestellte einen Sambucca, ließ ihren Pferdeschwanz dabei hin- und herfliegen. „Aber bitte flambiert, Uwe." Und hoffte auf mindestens vier Kaffeebohnen, die sie im Mund zerkauen und dann gleichzeitig mit dem Lakritzschnaps herunterkippen wollte. Weniger als vier Bohnen hätten ihr signalisiert, dass sie der Barkeeper nicht mag.

Hinten im Lavaraum, in dem, von Glasvitrinen geschützt, etliche gläserne Wasserpfeifen zu bestaunen waren, Lavalampen in allen möglichen Ausführungen, da färbte sich ein glasiger fettbäuchiger Buddha durch quallig aufsteigende Glibbermasse mal smaragdgrün, mal indischgelb, krapprosa, dann wieder kobaltviolett, preußischblau und kadmiumgelb. Die Discokugel mit hunderten kleiner Spiegel drehte sich langsam und flutete in gleichmäßigen Intervallen grelles Licht auf Marleens Teint, und als sie keck auflachte, fiel ein Lichtstrahl auf ihren Schneidezahnsaphir, den sie sich vor einer Woche hatte aufkleben lassen.

Alfredo tippte ihr mit der Zeigefingerkuppe auf die glänzende Nasenspitze: „Gleich ist es soweit." Er fingerte an der vergoldeten Kette seiner Taschenuhr, die mit einem Ring an der Schlaufe seiner Harlem Walker Jeans befestigt war, kramte das Uhrgehäuse aus der Hosentasche und klappte den Deckel auf: 22.29. Er hielt den Atem an. Mit stoischem Blick starrte er seiner Lebensabschnittsgefährtin, die im November gerade vierzig geworden war und etwas unruhig ihren Wechseljahren entgegentrottete, in die lagunengrünen Augen. „Bimbam bimbam, bimbambimbam" – Big-Ben-Zeit. Auf die Borsche-Uhr war Verlass. Er hatte sie so getauft, weil er sie im Internet ersteigert hatte aus dem Nachlass des Schauspielers Dieter Borsche, der genau diese Uhr, so pries man sie an, getragen haben soll, als er im Karl-May-Film „Der Schut" von eben diesem Gauner durch eine Falltür gefangen worden war. Und er erinnerte sich jedesmal, wenn die Big-Ben-Melodie erklang, an eben diese Szene, in der Dieter Borsche seine Taschenuhr herausholt und seinen Diener Chris Howland darauf hinweist, dass Tea Time sei.

„Hast du die Kiste mit?", fragte er Marleen, die nur stumm nickte und ihre Alditüte auf den Tisch stellte. Dann griff sie hinein und fischte eine schuhkartongroße Buchenholzkiste heraus.

„Geniale Tarnung", jubelte Alfredo, „'ne Boulekiste, wo hasse denn die her?"

„Gabs bei Aldi, 21,17 Mark, habbich billiger gekriegt, weil das Schweinchen fehlte! Charly hat sie präpariert." Sie klappte behutsam den goldfarbenen Verschluss hoch und öffnete einen Spalt breit die Schatulle, so dass Alfredo hineinlugen konnte. Links und rechts befanden sich jeweils zwei blankpolierte Obutkugeln. Die Kiste war zwischen den beiden Kugeln mit grasgrünem Knetgummi ausgelegt und mit azurblauem Samtstoff überspannt. So war es nicht schwer gewesen, die Mulden zu formen für die Flacons. Platz war für sieben durchsichtige weiße Glasfläschchen, jedes geformt wie ein Frauentorso. Eine zweite dunklere Glasschicht betonte die vorderen weiblichen Wölbungen.

Jedes Fläschchen war gekennzeichnet durch römische Ziffern von I bis VII und mit einem individuell farbigen Nagellackpinselstrich. Nummer I hieß *Marylin*, Charly hatte die Namen mit einem titanweißem Schreibschriftzug aufgetragen, sie erhielt einen jadegrün-metallicfarbenen Pinselhieb. diagonal am Fuß des Flacons. *Chapeau Garbo* nannte Charly Nr. II mit Bengali-Orange-Strich. Der *Steppenwolf* war Nummer III, Bordeaux Noir.

Nr. IV sollte *Lucky Lucifer* sein, in Sandelholz beige, Nr. V war *Libuda* in schalkeblau und Nr. VI *Barracuda* in korallenrot und Nr. VII: *Anakonda*, giftgrün. Alles war liebevoll vorbereitet, und das Spiel sollte nach einem Plan ablaufen, der einerseits dem Zufall Tür und Tor öffnete, andererseits aber festlegte, welcher Zaubertrank zu welchem Drink und dem dazu gehörenen Opfer passen sollte. Sie wollten also die Gäste, die ein bestimmtes Getränk bestellten, mit Hilfe beigemischter Zaubertränke auf eine unverhoffte Reise schicken.

Der Zettel mit der Auflistung sämtlicher Tiefenrauschgetränke klemmte zusammengefaltet zwischen zwei Boulekugeln. Marleen zog ihn heraus, faltete ihn auseinander und schob ihn unter die Kiste.

In der Liste hatte Charly auch mitgeteilt, welcher Zaubertrank in welchem Flacon enthalten war, aber der Kick bestand ja darin, dass Alfredo und Marleen nicht wussten, wie die einzelnen Drogen wirken. Diese Ungewissheit machte den besonderen Nervenkitzel aus bei diesem Drogenspiel.

Und noch etwas hatte Charly, der im 17. Semester Chemie studierte und sich im Kohlenkeller bei seiner Tante Mieze ein beachtliches Privatlabor eingerichtet hatte, bedacht: die schnelle Wirkung der gepunchten Zaubersäfte. Dazu hatte er eine Flüssigkeit zusammengebraut, die er Quickyavanti getauft hatte. Quickyavanti plus Zaubertrank – das war Garantie für eine teuflisch schnelle Wirkung. Allerdings wusste niemand genau, was sich hinter dieser Geheimformel verbarg, und Charly hätte nie verraten, aus welchen Bestandteilen er das Teufelszeug zusammengemixt hatte.

„Los, Alfredo, lass uns würfeln, mit welchem Tisch wir beginnen", drängelte Marleen, die es kaum erwarten konnte loszulegen. „Hier, ich habe einen Würfel mitgebracht in weiser Voraussicht, lass uns durchnummerieren, von links nach rechts, vier, fünf, sechs."

Am Tisch vier mit der blechernen, silbrigen Tischumrandung saß Kookie, den seine Freunde so nannten, weil sie auf Pro 7 mal eine alte Schwarz-weiß-Krimiserie aus den 60er Jahren gesehen hatten mit einem schmächtigen Typen mit Pepitahut, der eine extrem hohe kieksige Stimme hatte, ach ja, 77 Sunset Strip hieß die. Und schmächtig war Kookie und eine kieksige Stimme hatte er auch, allerdings hatte er keine Pfirsichwangen wie das Bübchen im Film, sondern eher solch ein Aknegesicht wie Christian Ziege oder Eddie Constantin im Film „Eddie, Miezen und Moneten."

Kookie kritzelte gerade ein paar Gedanken auf die Rückseite des *Rolling Stone*, den er sich aus dem Zeitungsständer gezogen hatte. Er fand eine unbedruckte Stelle und kritzelte: „Liebe ohne Leidenschaft – ob sie Leiden schafft?" Strich es wieder durch und formulierte neu: „Beziehungen sind entweder kurz und leidenschaftlich oder lang und langweilig". Hatte er aus irgendeinem

Stern geklaut. Uwe tippte ihm auf die Schulter. „Na, spitzwegfindiger Poet? Hab ich dich wieder beim Zeilensprung erwischt? Dein *Long Island Ice Tea* wird dich schon in die richtige Umlaufbahn versetzen. Wie immer?"

Kookie nickte nur grinsend. „Weiße doch, Uwe, wat ich brauch, woll?", und man hörte, dassa dem Gelsenkirchener Barock nicht fremd gegenüberstand.

„Er hat *Long Island* bestellt, da drüben der zerknautschte Typ mit dem Ohrläppchenpiercing und der Messerwerferassistentenvisage, vergiss die Würfel, Alfredo, das ist unser Premierekandidat. Ihr Auftritt, Al Mundi!"

„Wer, wo, was, wieso, weshalb, warum?" Alfredo spitzte die Ohren und flüsterte: „Da drüben am Tisch neben dem Zeitungsständer! Welche Nummer hat *Long Island*, Marleen, schnell!"

Sie zog den Zettel unter der Kiste hervor und graste ihn ab mit dem Zeigefinger: *Blue Lagoon, Caipiroska, Harvey Wallbanger, Long Island Ice Tea.*

„Von wegen Ice Tea! Das ist die volle Dröhnung. Hör mal: Vodka, Gin, Rum, Tequila, Creme de Menthe, Cola. Dem brauchen wir gar nichts mehr unterzumischen."

„Quatsch, lass uns lieber mal in der Liste nachschauen. *Long Island* – Nr-VI. *Barracuda*, schau mal, ein schönes Fläschchen, korallenrot. Ab aufs Riff. Und was bekommt unser Köderfreak? Peyote plus So'ksi-Wunderblume, das hört sich exotisch an."

„Peyote haben schon die Azteken benutzt, um sich bei kultischen Zeremonien in Rausch zu versetzen."

„Und So'ksi?"

„Das benutzten die Medizinmänner der Hopi-Indianer, um das Wahrsagen bei der Krankenbehandlung zu unterstützen. Uff, ich habe gesprochen. Avanti Popolo, jetzt kommt dein Auftritt, Marleen, hier ist der Flacon."

Sie erhob sich unauffällig, öffnete das Fäschchen, ging hinüber zu Kookies Tisch und beugte sich über seine Schulter. „Na, schreibst du auch?"

„Wie, was? Was ist das denn für eine Anmache, is ja ganz neu."

„Sorry", konterte Marleen, „ich hab nur beobachtet, wie du schon die ganze Zeit schreibst, da dachte ich…"

Sie nutzte den Verwirrmoment, stützte sich mit der rechten Handfläche auf dem Tisch ab, er fiel in ihr Dekolleté, beinahe, schluckte. Dieser Betäubungsangriff reichte, um mit der anderen Hand die Barracudatropfen in seinen bereits angenippten Drink plumpsen zu lassen.

„Na, dann will ich den Poeten mal nicht weiter stören." Sprach's und schlurfte zu ihrem Tisch zurück.

„Ich bin gespannt wien Flitzebogen", murmelte Alfredo. „Hoffentlich beginnt er jetzt nicht mit Indianertänzen und spielt Winnetou."

„Winnetou III wäre schlecht", grinste Marleen.

Wenige Minuten später wirkte die Indianerdroge.

Kookie fühlte sich plötzlich merkwürdig. Er nahm die Außenwelt wahr, als sei sie eingeteilt in farbenprächtige Relieflandschaften, wellenförmig flossen die Dinge um ihn herum, der Nachbartisch verformte sich, nahm zu an Größe, die orangenfarbenen Birnen der Wandbeleuchtung kreisten in grellen, lichtdurchfluteten Regenbogenfarben durch den Raum.

Er hatte das Gefühl, als sei die ganze Welt in einem Schwebezustand, schwerelos, all die Dinge um ihn herum waren in Bewegung, jeden Moment konnten die Limetten aus der Spiralschüssel fliegen, auf ihn zuschweben, er zog den Kopf ein, alles schwebte durcheinander wie in einem Raumschiff, die Whiskyflaschen, selbst die gläsernen Wasserpfeifen, die giftgrün und pinkfarben gefüllten Lavalampen aus dem Hinterraum, alles tänzelte um ihn herum, brennende Zigaretten, Untertassen, Streichholzschachteln, Teelöffel, ja sogar Pfennigstücke, Fünfmarkstücke und Geldscheine, alles war völlig losgelöst, schwerelos, die ganze Welt war in der Schwebe, nur er selbst schien noch auf seinem Stuhl zu kleben, obwohl er sein Gesäß nicht mehr spürte, nur die Schneeflocken, die sanft auf seiner Schulter landeten, er sah auf sein linkes Schulterblatt, sah es entblößt, sah, wie die Schneekristalle sich zusammenfanden zu einer dichten, smaragdgrünen Pulverschneehaut. Er wischte sich mit dem Zeigefinger über die kühlen Stirnfalten, schwitzte.

They took the whole Indian Nation… hinter Nebelschwaden nahm er die dumpfen Bässe wahr, die in Zeitlupe seine Ohren zu erreichen schienen. *Indian Reservation.* Er wusste nicht, dass er mit Manitou tanzte.

In diesem Augenblick öffnete sich die Eingangstür. Eine forsche junge Frau betrat den Headshop. Sie trug einen maigrünen Lackmantel mit Kapuze, der ihr bis über die Knie reichte, und elfenbeinschwarze Lederstiefel mit Rosenornamenten.

„Robert! Hat jemand..." Sie posierte für einen Augenblick wie eine Vortänzerin auf dem Parkett, genoss die Augenpaare, die sie kurzfristig ins Visier nahmen, blickte nach rechts und links und entdeckte ihn, winkte euphorisch. Robert saß am runden Tisch neben dem Eingang zur Wendeltreppe.

„Hier, schnapp", und schon sauste ein knuddelig-fleischfarbenes Etwas durch die blaudunstige Luft. Robert grabschte zu. „Was isn das?" Er faltete die weiche Gummimasse auseinander.

„Die Maske für Samstag, für die Fete bei Udo."

„Gut, was? Na, dämmerts?"

„Der Clou."

„Jenseits von Afrika." Er stülpte sich die Maske über und glotzte stolz in die Runde. „Robert Redford."

„Jetzt musst du nur noch seinen Lieblingsdrink bestellen", lachte Uwe.

„Und der wäre?", flachste Lissy, die sich zu Robert setzte, ihren Lackmantel auszog und über den Stuhl warf. „Was trinkt der denn, *China Gunpowder?*, *Temple of Heaven*, oder was?"

„Nö, ich glaub eher so 'n Plantagencocktail für Großgrundbesitzer", mischte sich Alfredo ein.

„Woher weißt du das?", rief Uwe erstaunt, „in der Tat – *Planters Punch* wäre genau das Richtige."

„Hat das was mit der Punch and Judy Show zu tun?", flüsterte Marleen. „Ich schau mal in der Liste nach."

Robert blätterte in der Getränkekarte.

Die feuchte Fingerkuppe huschte von einem Kreis zum anderen, die Kreise waren durch verbindende Striche untereinander verbunden, so dass der Eindruck entstand, man hätte keine Getränkekarte vor sich, sondern eher die Streckenkarte der *Tube* in London. Jede Station war ein Drink. Er suchte: *Daiquiri Mulata. Frozen Daiquiri. Mai Tai. Mogito. Pina Colada. Planters Punch.* Sein Zeigefinger rutschte auf die Cocktailhaltestelle: Was war alles drin? Weißer Rum, brauner Rum, Limettensaft, Triple Sec, Grenadine, Ananassaft.

„Das haut ja den stärksten Baumwollpflücker um. Was soll's? Redford ist Redford, seis drum, her mit dem Muntermacher!"

„Los, Marleen, was steht auf der Liste?"

„Welche Nummer?"

„Warte mal, hier, ich habs!"

„*Planters Punch*. Nr. II"

„*Chapeau Garbo*"

„Und?"

„Yohimbé!"

Uwe nahm eine Limettenscheibe vom Teller neben der Saftpresse und schlitzte sie an einer Stelle auf, kreiste einmal mit der geöffneten Stelle über den Glasrand und titschte diesen in eine bereitstehende Schale mit braunem Rohrzucker. Dann kippte er die Teufelsmischung behutsam und genüsslich in ein Cocktailglas und klemmte eine frische Limettenscheibe auf den gezuckerten Rand. Als er das Glas auf die Theke stellte, meldete sich sein Handy, das neben der Espressomaschine lag, mit dem Anfangstakt von Beethovens Fünfter. Marleen nutzte diesen Moment und schüttete blitzschnell *Chapeau Garbo* ins Glas.

Als Uwe das Handy ans Ohr legte, meldete sich niemand. „No news are good news", murmelte er, stellte das Glas aufs Tablett und balancierte es gekonnt an Roberts Tisch.

„Voilá, Sir Redford", lachte er. „Ich hab noch'n Schuss Curacao dazugemischt, ohne Aufpreis, wegen deiner schönen blauen Augen, neue Création, der Drink heißt ab sofort *Robert Redford*."

„War doch nicht nötig, Uwe", winkte Robert lässig ab und nahm den ersten Hieb.

Lissy hatte sich längst neben Robert gesetzt und kramte in ihrer Plastiktasche herum.

„Im Schabernack haben sie Ausverkauf, jede Maske 7,99 statt 28 Mark." Sie zog noch eine Maske raus. „Kuck mal, wie wär's mit Zlatko? Will einer 'ne Big-Brother-Visage? Ich hab heut meinen spendablen Tag. Wer auffängt, darf sie behalten, hepp!"

Kutte hatte gefangen und setzte sie sofort auf, obwohl er ja eigentlich keine Maske brauchte, denn die Ähnlichkeit mit Mike Krüger war verblüffend genug.

Robert schob die Maske hoch und nippte an seinem *Planters*. Lissy kramte weitere Masken heraus.

„Hier Robert, wie wär's mit Joschka Fischer?"

„Nö", winkte er ab, „nichts Militantes".

„Und Gottschalk?"

„Bloß keinen Talksofty!"

„Hasse keine „Werwirdmillionärmaske?"

„Wo ist denn die Schumimaske?" Robert kippte einen großen Schluck herunter. Die Flüssigkeit brannte in seinem Rachen wie Feuerwasser der schärfsten Art, ihm kullerten Tränen über die Wangen. „Boah ey, hasse da etwa Chilipowder reingeschüttet, Uwe?"

„Nee, Robert, nur Zimt und Muskatnuss!"

„Muskat macht sinnlich, Alter!" Aber die Yohimbéfee hatte ihn bereits geküsst und er spürte eine angenehme Spannung in seiner Hose. Yohimbin erweitert die Blutgefäße, senkt den Blutdruck, aber steigert die sexuelle Lust und Erregbarkeit. Die Deutschen bezeichnen den Yohimbé-Baum als Potenz- oder Liebesbaum. So war es nicht verwunderlich, dass sich Robert eng an Lissy schmiegte und seine Arme um ihren Hals schlang, seine Zunge ungestüm in ihren Mund bohrte, er verspürte dabei einen warmen, angenehmen Schauder im Bereich der Wirbelsäule.

„Was ist denn in dich gefahren, in welchem Film bist du gerade, Robert Redford?" Sie hatte ihn sanft von sich geschoben, war auf einen derart leidenschaftlichen Überfall nicht vorbereitet, obwohl das Zungenspiel ihr nicht übel gefiel.

„Ich weiß auch nicht, was plötzlich in mich gefahren ist", nuschelte Robert, „mir geht es so gut... aber ich muss mal eben für kleine Jungs, bin gleich wieder da." Er kramte in seiner Hosentasche herum. „Ah, ja, ich hab's dabei." Und verschwand Richtung Wendeltreppe, die zu den Toiletten führte.

Als er vor dem ovalen Spiegel stand, lächelte er sich zu, probierte alle möglichen Grimassen aus, zog mit den Zeigefingern die Mundwinkel auseinander und versuchte es zu sagen, wie damals auf'm Klo der Kästnerschule: „Die Hühner picken."

„Lass das, Babyface," dachte er knurrig, „die Welt schreit nach einem richtigen Trip."

Er fingerte das zusammengefaltete Papierpäckchen aus der Jeanstasche, legte es auf die Spülsteinablage, faltete es auseinander, schüttete gleich drei Tabletten in die Handmulde, öffnete den Mund und warf den Trip in seinen Rachen wie andere Gummibärchen, spülte ihn runter mit eiskaltem Wasser.

„Let's go west", lachte er, und als Uwe sich an ihm vorbeizwängte zum Pissbecken, klopfte der ihm kumpelhaft auf die Schulter. Er wusste Bescheid.

„Na, Robert Redford, on the road again?"

Robert lachte keck auf. „Aber hallo!"

Picture yourself in a boat on a river – with tangerine trees and marmelade skies.

„Weißt du eigentlich, dass John den Song unter Drogen geschrieben hat?" Arne am Nachbartisch wandte sich seiner Freundin Carmen zu und fühlte sich sehr schlau bei dieser Belehrung.

„Quatsch", meinte Carmen, „ich hab gelesen, dass Johns Sohn von der Schule nach Hause kam und ein selbst gemaltes Bild in der Hand hielt. ‚Was issn das?', fragte John. ‚Das ist *Lucy in the sky with diamonds*'."

„O.k., O.k.", gab sich Arne fast geschlagen, „Aussage gegen Aussage."

„Na, was kann ich euch beiden Hübschen denn bringen?", fragte Uwe.

„Einen Rotbuschtee Vanille für mich", sagte Arne, und Carmen bestellte einen *Captain Morgan*.

Alfredo hatte Glück, er kam ins Spiel, denn Uwe wiederholte: „Also einen Rotbuschtee Vanille und einen *Captain Morgan*. – Der hat aber 73 PS, Madame", fügte er warnend hinzu.

„Is mir doch egal", konterte Carmen.

„Nr. IV", flüsterte Marleen, *Lucky Lucifer.*"

„Und?"

„Alraune!"

„Der Brocken tanzt, Baby."

Kurz nachdem der Hexendrink gelandet war, war auch Marleen zur Stelle.

„Kann ich mal Feuer haben?"

Arne kramte in seiner Hosentasche herum. „Wo hab ich denn…"

Carmen durchkämmte ihre Handtasche, Marleen war schnell, verstand ihr Handwerk, und als Arne ihr endlich ein brennendes Streichholz entgegenhielt, war es längst geschehen. Marleen zog genüsslich an ihrer Benson and Hedges, Carmen nippte an ihrem *Captain*.

„Schmeckt komisch heute, irgendwie zartbitter."

Sie war das erste Opfer, das etwas zu merken schien, aber noch jemand war stutzig geworden und zog sein Handy aus der Manteltasche.

Zehn Minuten lang geschah nichts, dann lachte Carmen plötzlich auf wie von der Tarantel gestochen. „Sag das nochmal, Arne."

Sie saß da in ihrem ledernen karmesinroten Minirock, wirkte jetzt etwas schläfrig, gähnte, kniff die Augen zusammen, bei jedem kreisenden Lichtreflex der Discokugel zwinkerte sie mit den pechschwarzen, lackglänzenden Wimpern, die Tusche war schon etwas verlaufen, so dass in den Augenhöhlen dunkle Tupfer auftauchten. Sie knöpfte sich langsam ihre titanweiße Seidenbluse auf, so dass ihre frechdrallen Brüste heraussprangen, ein keckes „Oh" verriet nur eine gedämpfte Verwunderung. Sie schmiegte sich schnurrend mit dem Kinn auf Arnes Schulter und flüsterte ihm ins Ohr: „Lass mich deine Sabbathexe sein, heut Nacht, komm Baby, beiß mir ins Ohrläppchen, rrrrhh."

„Psst", bremste Arne sie, obwohl ihn diese zärtliche Anmache nicht unangenehm traf. „Was ist denn plötzlich in dich gefahren, so entzückend hemmungslos warst du ja schon lange nicht mehr, haben sie dir einen Muntermacher in den Drink gemischt?"

Er schluckte, atmete einmal tief durch, strich ihr behutsam durchs Haar und erhob die Stimme „Den muss ich mir auch bestellen und die Erregung öffentlichen Ärgernisses nimmt seinen Lauf."

Euphorisch rief er Uwe zu: „Hey, was für einen Teufelstrank habt ihr denn meiner Braut zusammengebraut", und wunderte sich selbst über seine jähen Reimqualitäten.

„Wo bist du, Arne?" Carmen tastete nach seinem Gesicht, sah ihn mit unscharfen Konturen, ihre Pupillen waren erweitert, und sie spürte ihren trockenen Gaumen, ihr Herz raste. „Arne", summte sie, „Komm, halt mich fest, ganz fest."

Er drückte sie an sich.

In diesem Moment lehnte sich Kutte mit seiner übergestreiften Maske über den Thresen und fragte witzelnd: „Was meinze, Uwe – Zlatko. Was passt zu dem, was würd der jetzt bei dir bestellen? Einen Stiefel Pils?"

„Aber nein, jetzt, wo der Kohle hat, würde der sich glatt einen Winnerdrink bestellen."

„Was?"

„Na, einen *Zombie*"

„Was ist denn da drin?"

„Och, bloß brauner Rum, weißer Rum, Captain Morgan, Apricot Brandy, Limettensaft, Ananassaft, Maracujasaft."

„Hört sich gut an, her damit." Es dauerte nicht lange und Little Zlatko schlürfte an seinem *Zombie*.

Jetzt war wieder Alfredo an der Reihe. Marleen hatte ihn bereits informiert und die Nr. VII herausgesucht. *Anakonda*, jetzt ging es wohl in den Urwald zu den Shipibo-Stämmen, denn Ayahuasca war angesagt.

Alfredo klopfte Kutte auf seine Lederschulter.

„Ey, Alter, schön, dasse wieder hier bis, wo..." Weiter kam er nicht, denn Kutte drehte sich um und stellte sofort fest, dass er diesen Typen noch nie hier gesehen hatte. Alfredo hatte derweil aus Versehen Kuttes Feuerzeug, das er auf den Tresen gelegt hatte heruntergefegt.

„Oh, sorry, ich muss dich wohl verwechselt haben."

Als Kutte ein grummeliges „Jaja" von sich gab und sich zu einem Feuerzeug runterbeugte, hatte Alfredo schon zugeschlagen. Er sah verwundert, wie Kutte den Zombie erhob und in einem Zug leertrank.

„Das war Zlatkos Geschoss, noch einen, Uwe."

„Übernimm dich nicht, Kutte, das ist kein Almdudler."

Kutte nahm den neuen Drink mit zu seinem Platz. Und die Götter rächten sich. Schon nach einigen Minuten wurde ihm schwindelig, er knabberte an den Fingernägeln, hatte Schweißausbrüche und sah blaue, purpurne, graue Schatten auf der Wand vorbeihuschen. Das dunstige Rauchblau tuckerte in Fieberkreisen an der Decke, er zitterte, zuckte wild mit den Wimpern, sah eine riesige, grüne Schlange den Türpfosten hochschlängeln. Die Amazonasgeister hatten Besitz von ihm ergriffen. Dann grub er seinen Kopf in das Handrückennest auf der Tischplatte und schlummerte vor sich hin.

„Hoffentlich kommt der wieder hoch," zischelte Marleen.

In diesem Augenblick kam Robert von der Toilette zurück, er war fast zwanzig Minuten fort gewesen, wankte leicht, lallte leise vor sich hin, kicherte. Er sah einzelne Gesichter, die ihm entgegenstrahlten, er fing Blicke auf und erwiderte sie, er schloss, plötzlich verharrend, seine Augen, nahm die Musik jetzt besonders intensiv wahr, Old Man, look at your life, I'm a Lord like you were.

Er summte mit. Die Musik schien durch ihn hindurchzuschwingen, sein Atem folgte dem Bass, die Arme fühlten sich leicht, bewegten sich von selbst, er war ziemlich weit weggedriftet.

Plötzlich spürte er einen Stich in der Lebergegend, schrie auf und fiel zu Boden.

„Robert!" Lissy schrie panisch. „Robert, was ist los?"

„Scheiße!" Alfredo stürzte zu ihm rüber.

In diesem Moment tauchte ein Mann mit einem weißen Trenchcoat, den Gürtel zu einer Schleife zusammengebunden, mit weißen Sioux-Slippern im Pythonlook, auf – war unbemerkt hereingekommen.

„Tag, die Herrschaften, was is'n hier los?"

„Robert!" Lissy fiel in Ohnmacht.

Der Mann ging auf Robert zu, fühlte seinen Puls.

„Tot. Wer war das?"

„Ich glaube, ich wars", stammelte Alfredo, „aber ich, ich… Ich bin doch kein Mörder, ich würde noch nicht mal Wackersteine von der Autobahnbrücke werfen, ich verstehe gar nicht, es sollte doch nur ein Spiel sein."

Da fiel der Blick des Trenchcoatmannes auf ein Päckchen aus Ölpapier, das neben dem Toten lag. Es musste beim Sturz aus seiner Hosentasche gefallen sein. Er hob das Päckchen auf, legte es auf den Tresen und entfaltete es. Drei weiße Tabletten. Auf dem Papier erkannte er ein geschwungenes Schreibschrift-E neben einem lachenden Gesicht. E wie Ecstasy.

„Wer hat im Revier angerufen?" Der Kommissar drehte sich um.

Josef Kaufhold

Pechvogel

Nein!", hatte sie gerufen. „Nicht zum Fitness, zum Grusewsky gehen wir." „Aha!", rief er fröhlich, „dann kauf nicht zuviel ein!"

„Nein!", rief sie wieder und legte ein Handtuch bereit. „Wir gehen nicht zum Einkaufen. Grusewsky, die Kneipe. Ich treffe mich mit Bea und Moni – wie immer dienstags."

„Okay", kam es von Ferne, „dann gib nicht so viel aus! Verflixt!"

„Was ist?"

„Nichts!", rief er. „Hab mir nur die Finger verbrannt."

Die Finger verbrannt, dachte sie. Du wirst noch ganz anders brennen. Sie ließ dampfendes Badewasser in die Wanne laufen.

„Oh, Schatz", rief sie laut, „nicht schon wieder!"

„Nein, nein", klang es näher. Er stand vor der Badezimmertür. „Tut mir Leid. Ich hab die neue Halogenlampe angefasst." Die neue Lampe, dachte sie, die wer weiß wie vielte neue Lampe. Lampen gingen bei ihm in Serie zu Bruch.

„Nicht schlimm", sagte sie, zeigte ein besorgtes Gesicht und zog die Badezimmertür hinter sich zu. „Aber ich muss jetzt wirklich los. Das Badewasser für dich läuft schon."

„Werd's genießen", sagte er und pustete auf die Finger der rechten Hand. „Dankeschön. Und – viel Spaß! Wo geht's denn hin?"

Nein, nicht noch einmal, dachte sie und blieb die Antwort schuldig. „Tschüss", rief sie. Und schon war sie draußen. Die Kälte des herbstlichen Spätnachmittages.

Brennen, dachte sie wütend, schmoren, ja, schmoren sollte er. Reingefallen war sie damals auf ihn, und reingefallen war sie mit allem, was mit ihm zusammenhing. So ein unschuldiges Jungengesicht, das schrie förmlich nach Liebe und Mitleid, ja, Mitleid. Alles, was er anfasste, ging zu Bruch; alles, was er tat, ging daneben; jede Idee scheiterte; jeder Schritt brachte Unglück. Ging er einkaufen, verlor er sein Portemonnaie; ging er zum Arzt, wartete er fünf Stunden; brachte er einen Brief zur Post, dann ging dieser verloren; bückte er sich, riss die Hose; Porzellan, nach dem er griff, ging zu Bruch; Vasen fielen zu Boden, Kaffeetassen kippten um, Tischdecken wurden bekleckert. Selbst das Essen brannte in seinem Beisein sofort an.

Sie konnte sich ruhig wünschen, er möge brav auf dem Balkon sitzen, die Ruhe genießen und einfach nur abwarten, sich aber bloß nicht rühren. Auch das half nichts. Prompt schiss ihm ein vorbeifliegender Vogel auf den Kopf.

Wer weiß, wie viele Balkone es gab in dieser Stadt, wie viele Vögel in der Küstenstadt Emden flogen. Er hatte eben das Pech, auf einem Balkon zu sitzen, den ein absoluter Ausnahmevogel benutzte, um – ! Verdammt noch mal, dachte sie verärgert.

Draußen rappelte sie ihr Fahrrad aus der Ecke der Garage, in der auch der Wagen stand, der längst den Dienst aufgegeben hatte. Sie hatten ein Auto, aber fahren damit?

Unter dem Scheibenwischer klemmte immer noch der Zettel. Sie wusste, was darauf stand: Peer anrufen. Aber Peer hatte die Freundschaft gekündigt und der Wagen war das geblieben, was er war: Kaputt.

Kaputt, dachte sie. Kaputt.

Sie warf das Garagentor zu, schwang sich aufs Rad und trat in die Pedale.

Der Urlaub mit Peer und Karla war in einem Desaster geendet. Sexuelle Belästigung. Ihr Mann hatte vollständig nackt auf dem Hotelflur gestanden, als Karla aus der Tür kam. Eine eindeutige Situation, ohne Zweifel. Aber wer ihn kannte, der wusste, dass seine unglaubwürdigen Erklärungsversuche tatsächlich die schlichte, wenn auch völlig irre Wahrheit waren. Er hatte geduscht, wollte zum Anziehen ins Zimmer, hatte die Tür verwechselt, und zack! war er draußen. Einfach so. Klar, es war schon eine einmalige Idiotie von ihm, eine Tür hinter sich zu schließen und erst dann zu merken, dass er auf dem Hotelflur stand. Und dann Karla auf dem Flur! Aber, wer ihn kannte…

Auch das Argument, dass kein Exhibitionist sich den eigenen Fluchtweg versperren würde, zog nicht. Peer und Karla kündigten die Freundschaft.

Nur Bea und Moni hatten ihr Trost gegeben. Sie fühlten mit, zeigten keinen Spott, jedenfalls nicht in ihrem Beisein.

Die beiden hatten ihr vor Jahren zum jungen Glück gratuliert. Obwohl – ein bisschen unbeholfen, linkisch, ja vom Pech verfolgt, das war er immer gewesen, der Pechvogel. Trotzdem. Den liebenswerten, jungenhaften Tolpatsch mit den glänzenden Augen hatten alle in ihr Herz geschlossen.

Und sie hatte nur ihn und sein Lachen gesehen, war verliebt und hatte den Fehler ihres Lebens begangen.

Das war lange her, tausend Enttäuschungen lang her. Und die bittere Wut war gewachsen, ein nagendes Gefühl, ein aus der Wut gewachsenes Ich-will-nicht-mehr.

Noch im Frühjahr hatte er es gewagt, eine Firma zu gründen. Die Chance, hatte er gesagt. Und sie war sogar in der Versuchung, ihm zu glauben. Die Firma trug den Allerweltsnamen „Marketing – Design", Kurzform „MarDe". Eine von den Firmen, die den Hauptsitz in einem Postkasten irgendwo in New York, eine Zweigstelle in einer Schublade in Paris und ein Büro mit gut funktionierendem PC in Bebersdorf nahe der französischen Grenze haben. Nein – hatten. Sie korrigierte sich. Denn, wie konnte es anders sein, die Firma verschwand just in dem Moment, als ihr Pechvogel das gesamte Vermögen in das Projekt gesteckt hatte. Über Nacht war der PC aus Bebersdorf verschwunden, in Paris erklärte ein Kaufmann, er habe MarDe – Welch ein Name! – abgelehnt, er sollte ja nur *un garcon de magasin*, der Laufbursche, sein. Und New York antwortete missverständlich geschäftsmäßig mit einem Werbeschreiben, das zum Postkasten *the best opportunities for making business*, beste Gelegenheiten Geschäfte zu machen, unterbreitete. Die Pleite.

Und das Schlimmste, noch nicht einmal Bea und Moni wussten davon, das Vermögen war verloren, futsch, vollständig weg, inklusive aller zur Sicherheit hinterlegten Immobilienwerte. Das machte nahezu eine Million Euro aus. Bruchlandung. Nichts blieb. Ihren Pechvogel traf das kaum, der war ohne Vermögen in die Ehe eingestiegen. Was verloren war, das war ausnahmslos das, was ihre Eltern ihr hinterlassen hatten. Deine Sicherheit, mein Kind. Deine Sicherheit.

Gütertrennung wurde vereinbart. *Für die Schulden meines Mannes komme ich nicht auf.* Mehr als nur ein Satz, eine Beschwörung, ein Notruf, ein Schutzwall. Aber ein Geheimnis vor allen, die mit ihr zu tun hatten. Sie fürchtete die Blicke, das Mitleid, das Gerede.

Tief sog sie die Luft ein.

Radfahren beruhigt, das stille Dahingleiten ließ die Gedanken wieder zur Ruhe kommen.

Die paar Meter noch bis zum Grusewsky, dann ein paar freundliche Gesichter, ein Charly in aller Ruhe genossen. Und in der Wohnung würde sich in der Zwischenzeit ein Unfall ereignen, ein bedauerlicher. So war es vorgesehen.

Der Pechvogel übertrumpfte jegliche Statistik, wenn es um Vergleichszahlen zur Unfallhäufigkeit einzelner Personen ging. Gesetz der Serie. Die letzte Grillparty war das Paradebeispiel. Pechvogel bekam einen Stromschlag bei dem Versuch, den Elektrogrill mit dem Steakmesser zu reparieren. Anschließend, gerade als er den alten Kohlegrill aus der Garage holen wollte, wurde von drinnen die Seitentür aufgeschwungen, er bekam die Kante vor den Kopf und ging zu Boden. Seitentüren von Garagen gehen nun einmal nach außen auf. Und damit nicht genug, als schließlich der alte Grill wieder aufgebaut war, verbrannte er sich Hände, Hemd und Haare, weil er mit einem guten Schuss Brennspiritus als Grillanzünder nachhelfen wollte.

So war er eben.

Schade, dachte sie. Er wird wahrscheinlich sofort bewusstlos sein, sein Herz wird stillstehen, der Stromschlag wird ihn plötzlich treffen, so plötzlich, dass er vielleicht noch nicht einmal die Schrecksekunde hatte, die sie ihm gönnte. Der Föhn war eingesteckt, er lag unter einem Handtuch auf dem Badewannenrand. Sie war absolut sicher, er würde das Bad erst betreten, wenn die Wanne übervoll war und dichter Dunst den Raum vernebelte. Ein Pechvogel eben.

Sie trat fester in die Pedale. Es wurde bereits dunkel.

Bea und Moni zeigten glänzende Laune.

„Schön, euch zu sehen!", sagte sie, als sie sich an den kleinen Tisch setzte, rund, vier Stühle, gemütlich am Fenster gelegen. Durch die großblättrigen Pflanzen zitterte der vorbeigleißende Verkehr, die Scheinwerfer der Fahrzeuge warfen flirrendes Licht in das Ecklokal.

„Kaffee, bitte!", rief sie der Bedienung zu. „Für Charly ist es noch zu früh. Na ihr? Wie geht's!"

Bea lachte, Moni sah wichtig drein. Sie hatte von einer Krise gehört. Karla und Peer, davon sollte die Rede sein.

„Ist doch immer das Gleiche", sagte sie und dachte: Selbst wenn er so trödelt wie immer, müsste er jetzt im Bad sein.

Die Neugierde trieb sie.

Während sie mit halbem Ohr hörte, wie Moni von Peers Eifersucht erzählte, die Karla schon vor Monaten zur plötzlichen Abreise aus Emden getrieben habe, kramte sie in der Tasche, zog das Handy heraus.

„Hab meinen Schlüssel liegenlassen. Entschuldigt mal", sagte sie und wählte. Der Ruf ging raus, ihr Pechvogel schien verhindert.

„Nanu?", sagte sie absichtlich lauter. Sie versuchte möglichst ruhig zu bleiben, die Spannung ließ ihre Stimme zittern. „Er geht nicht ran."

„Versuch's über Röbers. Der ist doch immer da", sagte Bea. Sie nickte. Röbers, der Nachbar, meldete sich knapp.

„Könnten Sie so nett sein und eben bei uns klingeln?", bat sie höflich. „Ich brauche meine Schlüssel und die habe ich vergessen. Mein Mann soll auf gar keinen Fall aus dem Haus gehen, bevor...!"

Röbers war so nett. Es würde aber schon noch einen Moment dauern. Zurückrufen wolle er, und er notierte die Handynummer. Sie legte das Handy andächtig auf den Tisch.

„Hallo!" Bea tippte ihr auf den Arm. „So in Gedanken? Moni erzählt gerade von Karla. Hattet ihr nicht so einen netten Zwischenfall im Hotel? Karla und dein Mann in flagranti?" Bea lachte.

„Nein", sagte sie, „nicht in flagranti." Und sie erzählte die Geschichte vom Hotelflur, vom Duschen und den verwechselten Türen und dem splitterfasernackten Mann auf dem Flur und..., aber die Geschichte wollte ihr nicht so recht gelingen. Sie versuchte, die Exhibitionistendebatte mit dem versperrten Fluchtweg spaßig darzustellen. Bea und Moni lächelten nicht. Im Gegenteil, sie machten mitleidsvolle Mienen.

„Und das hast du ihm geglaubt?"

„Selbstverständlich habe ich ihm geglaubt", sagte sie fast tonlos und beleidigt, dann aber mit kumpelhaften Ton: „Ihr kennt ihn doch, meinen Pechvogel!"

Eine leise Melodie dudelte. Sie meldete sich.

„Röbers hier. Ihr Mann sagt, Sie haben ihm das Leben gerettet. Das war pures Glück."

„Glück?"

„Ja, Glück! Ihr Mann ist im Bad ausgerutscht und hat sich den Fuß verstaucht."

„Den Fuß? Aber...?"

„Ja, er hatte sich gerade erst wieder aufgerappelt, als ich klingelte. Und da ist er zur Tür gehumpelt."

„Aber – Herr Röbers, geht es ihm gut?"

„Ja, prima. Das Badewasser lief noch, da bin ich hin – und da hab ich's gesehen."

„Gesehen?"

„Der Föhn auf der Badewanne war angeschlossen. Wenn da einer in die Badewanne! Na denn aber!"

Dem Nachbarn war der Stolz über die lebensrettende Entdeckung anzuhören.

„Ich hab ihn sofort rausgezogen, hab ich."

„Da können wir ja von Glück sagen! Vielen Dank. Und mein Mann, kann ich den mal sprechen?"

„Nein. Ach so. Ja, Ihr Mann, der ist schon nicht mehr hier."

„Nicht mehr? Wieso?"

„Der hat sich gleich angezogen und ist weggefahren. Ach ja, und Ihren Schlüssel, den soll ich Ihnen geben, wenn Sie zurück…"

„Weggefahren?", rief sie dazwischen. „Wie das?"

„Mit Ihrem Auto. Aber hören Sie, Sie wissen doch."

„Mit unserem Auto?"

„Ja. Womit denn sonst?" Der Nachbar wirkte jetzt kurz ange- bunden. „Ihr Mann hat gesagt, Sie wüssten schon Bescheid. Und er bedankt sich auch für das Geld."

„Das Geld?"

Röbers wurde jetzt ungeduldig: „Ich dachte, Sie hätten ihm ir- gendwie Geld hinterlegt oder so. Aber was soll's. Die Schlüssel können Sie gleich bei mir holen. Einen schönen Abend noch."

Aufgelegt.

Weggefahren? Das Geld? Sie war erschlagen, erstarrt, eine Last legte sich auf ihre Schultern, es drückte, quälte, kicherte, ja ki- cherte. Völlig verrückt. Er hatte das Auto reparieren lassen, heim- lich, war davongefahren und ließ ihr danken für das Geld. Wie bitte? Für das Geld?

„…in Bebersdorf", sagte Bea.

„Wo?", sie wachte auf, tauchte unter der Last hervor. „Wo bitte?"

„Na, in Bebersdorf!", wiederholte Bea. „Aber was ist denn mit dir los?"

„Was ist mit Bebersdorf?"

„Ja, hörst du denn nicht zu?", sagte Moni. „Karla hatte in Be- bersdorf, das ist so ein Kaff an der französischen Grenze, eine Firma eröffnet. Irgendwas mit…"

„Marketing", sagte sie.

„Richtig. Marketing", sagte Bea. „Sie soll schwer Geld gemacht haben, das behauptet jedenfalls Peer. Jetzt ist sie aber wieder abgetaucht. Frankreich oder so."

„Na", lachte Moni. „Ich hätte meinem Mann die splitterfaser- nackte Geschichte nicht geglaubt."

„Aber du kennst ihn doch, diesen Pechvogel!", rief sie verzwei- felt. Und dann sah sie auf die Straße hinaus. „Dabei weiß ich noch nicht einmal, ob er Französisch spricht."

Jürgen Kehrer

Der Tod des
David Levy

Ein böiger Wind pfiff durch die enge Gasse, und David Levi musste seinen gelben Spitzhut festhalten. Er hasste diesen lächerlichen Hut, aber die Kleidungsvorschriften besagten nun einmal, dass er ihn zu tragen habe, sobald er sein Haus verließ. Damit die Christen einen großen Bogen um ihn machen konnten und nicht in Gefahr gerieten, ihn versehentlich zu berühren.

Das war in Münster nicht anders als anderswo. Und eigentlich war es Levi ja auch ganz recht, dass die Juden unter sich blieben. Sie lebten in einem eigenen Viertel, direkt hinter dem Rathaus. Dort gab es eine Synagoge, eine Mikwe, in der die Frauen nach jüdischem Brauch baden konnten, und eine Scharne, wo kosheres Fleisch verkauft wurde.

Die jüdische Gemeinschaft in Münster war klein, doch das hatte auch seinen Vorteil: je weniger Juden, desto geringer der Judenhass. Außerdem standen sie unter dem besonderen Schutz des Fürstbischofs. Der garantierte nicht ganz uneigennützig für ihre Sicherheit, denn einerseits war er der größte Kreditnehmer, und andererseits gehörten die Juden dadurch quasi zu seinem Eigentum. Kein Jude durfte ohne Erlaubnis des Bischofs in einen anderen Ort ziehen. Rechtlich gesehen waren sie Unfreie. Das bedeutete, dass sie weder wählen noch Waffen tragen durften.

Aber auch das ließ sich ertragen, so lange man sie in Ruhe ließ und die Geschäfte gut liefen. Und David Levis Geschäfte liefen nicht schlecht. Er war Geldverleiher. Aus den meisten anderen Berufen hatte man die Juden hinaus gedrängt. Als Unfreie konnten sie selbstverständlich nicht Mitglieder der Zünfte werden, also auch kein Handwerk ausüben. Was blieb da noch anderes übrig als der Geldverleih?

Zum Glück gab es in Münster genug Kaufleute, die Geld brauchten. Seitdem Münster zur Hanse gehörte, wurden die Warenmengen immer riesiger, die über weite Wege verschickt werden mussten. Das erforderte Geld. Also ging man zu David Levi, dem Geldverleiher. Adelige kamen aus anderen Gründen. Die wollten gegenüber Ihresgleichen nicht zugeben, dass sie über ihre Verhältnisse lebten, und überschrieben ihm heimlich Ländereien oder Viehherden. Selbst geistliche Herren klopften an seine Tür, weil es Christen verboten war, Geistlichen Geld zu leihen.

Bei den Zinsen hielt sich Levi an die Vorschriften. Niemand sollte ihm vorwerfen können, er würde Wucherzinsen nehmen.

Trotzdem hatte er im Laufe der Jahre ein beträchtliches Vermögen angehäuft. Genauer gesagt, es lagerte in der Kämmerei des Rathauses, gut bewacht von den städtischen Botmeistern.

Denn äußerlich trat Levi bescheiden auf. Sein Haus war nicht allzu groß, er erlaubte sich keinen Luxus. Durch Protz weckte man nur unnötigen Neid. Seine Familie lebte gut, was wollte er mehr? Nein, er konnte nicht klagen.

Levi schaute nach oben. Die oberen Stockwerke der Häuser ragten immer weiter in die Gasse hinein, bis sie sich an den Dächern fast berührten. So war nur ein schmaler Streifen des dunklen Himmels sichtbar.

Der alte Jude lächelte grimmig. Sie waren schon komisch, diese Goi. Jahrelang lebten sie friedlich mit den Juden zusammen, doch sobald ein junger Mann ermordet wurde oder eine Mühle abbrannte, zeigten alle auf die Juden. Dann wurden die alten Geschichten aufgewärmt, vom Ritualmord, davon, dass die Juden das Blut von Kindern trinken würden, von Hostienschändung und anderem Unfug mehr. Wenn selbst die Geistlichen einstimmten und von den Kanzeln gegen die Christusmörder hetzten, lag ein Pogrom in der Luft. Was half es da, dass die Juden ihre Unschuld beteuerten, dass sie versicherten, all das, was man ihnen vorwerfe, würde ihnen ihre eigene Religion verbieten? Niemand wollte es hören.

Etliche deutsche Kaiser hatten den Versuch unternommen, die Juden zu schützen, indem sie die Vorwürfe untersuchen ließen, und ihre Kommissionen waren immer zu dem gleichen Ergebnis gekommen: Nichts von dem, was man den Juden nachsagte, entsprach der Wahrheit. Doch gegen Aberglauben und jahrhundertealte Vorurteile konnte Vernunft nichts ausrichten.

Dabei waren die Christen doch nichts anderes als eine jüdische Sekte. Wer war denn dieser Jesus Christus aus Judäa oder Galiläa gewesen, der seine Herkunft auf König David zurück führte? Ein Jude, ebenso wie seine Apostel und seine übrigen Anhänger. Die von den Christen verehrte Heilige Schrift enthielt die Bücher Mose, die Geschichte der jüdischen Königreiche und der jüdischen Propheten. Täglich lasen die Christen in ihren Kirchen Geschichten über Juden, sie sangen Halleluja und lobten damit den jüdischen Gott Jahwe. Am Ende ihrer Gebete sagten sie Amen, das hebräische Wort für ,Ja, Gewiss!' Und doch hassten sie die Juden wie die Pest.

Jesus war ein Rabbi gewesen, der sich mit der Partei der Pharisäer angelegt hatte. Eigentlich nichts Besonderes, denn so lange es Juden gab, hatten sie sich über die Auslegung der Schriften und die Einhaltung der Regeln gestritten. Das war vor tausend Jahren so gewesen, und so war es auch heute noch. Nicht die Juden, sondern die Römer hatten Jesus verhaftet, und Pontius Pilatus, der römische Statthalter in Palästina, hatte ihn zum Tode verurteilt.

Als dann später das Christentum römische Religion wurde, konnte man natürlich nicht die Römer für Christus' Tod verantwortlich machen. Also sollten es die Juden gewesen sein. Saul, nach dem der Paulus-Dom benannt war, der keine tausend Fuß entfernt stand, hatte damit angefangen. Gerade Saul, der Jude und römischer Bürger zugleich war, der Christen verfolgt und ins Gefängnis geworfen hatte.

So war die Legende von den jüdischen Christusmördern entstanden, eine Legende, die vor Widersprüchen strotzte. Der Prozess vor dem Hohenpriester Kaiphas mitten in der Nacht – das jüdische Recht sagte sehr klar, dass Gerichtsverfahren nur am hellen Tag stattfinden durften. Und Kreuzigung war eine römische Hinrichtungsweise, keine jüdische.

Nein, Jesus war von Pilatus in einem Schnellverfahren verurteilt worden, so wie er es mit Tausenden von Juden gemacht hatte. Besonders an Pessah, wenn viele Menschen nach Jerusalem strömten und es häufig zu Tumulten kam. Pilatus war wegen seiner Grausamkeit berüchtigt gewesen. Einfach lächerlich, dass er seine Hände in Unschuld gewaschen haben sollte. Pilatus machte sich nichts daraus, Juden mit dem Tod zu bestrafen. Schließlich wurde es sogar seinen römischen Herrschern zu viel, sie setzten ihn ab und beorderten ihn nach Rom zurück.

Genauso unglaubwürdig wie die Umstände, die angeblich zu seinem Tod führten, war die Herkunft dieses Jesus. Wie konnte er einerseits Gottes Sohn sein, geboren von einer Jungfrau, und andererseits von König David abstammen, der einer der Vorfahren des Zimmermanns Josef war? Wieso wurde er in Beth Lechem geboren, obwohl er doch aus Nazareth stammte? Vielleicht, weil das besser zu der Prophezeiung passte, der Prophezeiung, dass ein Messias aus dem Hause David kommen würde, um die Juden mit ihrem Gott zu versöhnen.

Nun, da war Jesus nicht der Einzige gewesen. Hundert Jahre später hatte Bar Kochba das Gleiche behauptet. Auch er war gescheitert, von den Römern besiegt, die die letzten Juden aus Palästina vertrieben. Doch von dem neuen Messias hatte die Welt nichts mehr wissen wollen.

David Levi schüttelte den Kopf. Natürlich dachte er nicht im Traum daran, solche Gedanken gegenüber einem Goi zu äußern. Ein Sturm der Entrüstung würde ausbrechen, Sein Leben, seine Familie, ja, die ganze jüdische Gemeinde in Münster wäre in Gefahr. Da kannten die Anhänger des nichtjüdischen Juden Jesus Christus keine Gnade. Also hielt er den Mund. Die Juden hatten schon genug zu leiden.

Besonders schlimm wurde es, wenn eine Seuche im Land wütete. Stets waren daran die Juden schuld, weil sie angeblich die Brunnen vergiftet hatten. Als ob sie nicht das selbe Wasser trinken würden! Kamen dann noch die verrückten Geißler, die sich bis aufs Blut auspeitschten und schrien, das Jüngste Gericht stehe bevor und wer eine gute Tat vollbringen wolle, solle die Mörder Christi umbringen, konnte man nur noch eines tun: sein Pferd satteln, so viel Geld wie möglich in die Satteltaschen stopfen und fliehen. Denn kurze Zeit später würden die Häuser der Juden in Flammen aufgehen.

Er hatte das als Junge in Süddeutschland erlebt. Die meisten Mitglieder seiner Familie waren in den Flammen gestorben. Von anderen Überlebenden hörte er, dass einige aus seiner Gemeinde ihre Häuser selber angezündet hatten, um den Folterungen, den Hinrichtungen oder der Zwangstaufe zu entgehen.

Die Furcht vor einem Pogrom hatte ihn das ganze Leben lang begleitet. Heute, als alter Mann, wusste er, dass es nicht nur religiöse Gründe für die Judenverfolgung gab. Manche, die Juden Geld schuldeten, sahen darin eine günstige Gelegenheit, ihre Schulden los zu werden. Mit den Häusern und den Juden verbrannten auch die Schuldscheine.

Obwohl sich in Münster seit Menschengedenken kein Pogrom ereignet hatte, steckte die Angst tief in seinem Inneren. Als er von dem Mord an Gerwinus Rike hörte, war sie neu erwacht. Rike war kein junger Mann mehr gewesen, sondern weit über dreißig, und in der Stadt gab es auch keinen aufgestauten Judenhass. Trotzdem war Levi in diesen Tagen vorsichtiger als sonst.

Der Türmer von Sankt Lamberti blies in sein Horn. Levi fröstelte, nicht nur wegen des kalten Windes. Ihm war es gar nicht recht, dass er allein durch die dunklen Gassen ging. Aber der Mann, der ihn treffen wollte, hatte auf der späten Stunde bestanden. Levi kannte den Grund dafür. Die Nachbarn sollten nicht sehen, dass ein Jude das Haus betrat. So hatte er sich einmal mehr überwunden und auf den Weg gemacht. Denn der Mann schuldete ihm eine Menge Taler, und davon wollte er heute einen großen Teil zurückzahlen.

Plötzlich hörte er hinter sich Schritte. Er begann schneller zu gehen. Die Schritte kamen näher. David Levi dachte an den Mörder von Rike, der frei herumlief. Er wollte rennen, doch dazu fehlte ihm die Kraft. Der kalte Schweiß brach ihm aus, sein Atem rasselte. Sollte er schreien, um Hilfe flehen?

Mit letzter Anstrengung hastete er in einen Innenhof. Dort stand ein Karren. Dahinter kauerte er sich zusammen, in der Hoffnung, nicht entdeckt zu werden.

Endlose Augenblicke vergingen. Dann taumelte ein Betrunkener die Straße entlang, nur mit sich und seinem Weg beschäftigt. Levi atmete auf. Seine Furcht war völlig unbegründet gewesen.

Als er sich aufrichtete, glaubte er ein Rascheln zu hören, wie von einem Umhang, der zurückgeschlagen wurde. Bevor er sich umdrehen konnte, spürte er die Schlinge an seinem Hals. Die Schlinge schnürte ihm die Luft ab. Er öffnete den Mund. Das Letzte, was er hörte, war ein leises Krächzen.

Dieter Bromund

Die Geschichte des Alan Macleod von Port of Ness auf Lewis in Schottland

In allen Häfen der Welt, wie groß oder klein sie auch sein mögen, sind Geschichten die wahre Währung, Geschichten, die Männer erzählen. Ich lag in Port of Ness, jenseits von 58 Grad Nord und 6 Grad 10 West auf Lewis in Schottland. Von hier aus wollte ich mit der *Opa Reimer* über Aberdeen nach Bensersiel zurücksegeln.

Noch um zehn Uhr abends im Juli strahlte der Sand in Port of Ness bei Ebbe weiß. Ich saß nach dem Essen im Cockpit der schräg und trocken liegenden Yacht bei einem Glas Whisky. Mir war nach Gesellschaft, aber hier oben gab es kein Pub: Eoropie, Stahanish, Knockaird, Five Penny Ness, Lionel, Adabrock, North Dell, Habost – Orte, die wie alte Whiskies hießen, doch alle ohne Kneipe. In Cross sollte es nach meiner Karte eine geben, Cross Inn, doch eine Stunde Fußweg bis zum nächsten Zapfhahn war nicht nach meinem Geschmack.

Offensichtlich war der lange Weg auch nicht nach dem Geschmack des Mannes, der hinter einem schwarz-weiß gefleckten Hund über den harten Sand des trockengefallenen Hafens auf die *Opa Reimer* zu hinkte.

„Schöner Abend", gurrte er. Ich bestätigte ihm das. „Wir werden morgen keinen Regen bekommen."

So beginnen Gespräche im Norden. Auch ich hatte im BBC die Vorhersage gehört. Etwa zehn Minuten später hockte der Mann sich nach ausführlicher Wetterdiskussion in den Sand, der Hund sprang ihm auf die Schulter, legte sich ihm wie ein Schal um den Hals, und Alan Macleod kletterte die Heckleiter der *Opa Reimer* hoch und setzte sich mir gegenüber in das Cockpit. „Nur auf einen Drink." Der Hund rollte sich zusammen und schlief ihm zu Füßen ein.

„Früher", sagte Alan Macleod, „früher musste man bis Stornoway laufen, 26 Meilen, einen Tag, um etwas zu trinken. Jetzt ist es viel besser, wenn man den Wirt vom Cross Inn mag. Vierzig Minuten sind's bis dahin – falls man den Wirt mag."

Er lobte meinen Whisky, legte den Kopf weit zurück und blickte in den tiefblauen Abendhimmel über den Felsen des Hafens. Dies sei ein feiner Whisky, sagte er. Aber es gäbe noch einen besseren – er beugte sich flüsternd vor – gar nicht weit von hier. Drüben auf Skye.

Skye war die Insel nächst dem schottischen Festland. Sie lag ein bisschen weit weg von meiner Reiseroute, aber für einen guten Whisky segelt man schon mal einen Umweg. So ankerte ich am nächsten Abend in Uig Bay auf Skye und trottete hinter Alan Macleod und seinem Hund her nach Balnaknock, eine knappe Meile bergan in den westlichen Schatten des Beinn Edra.

Nun, der Whisky in Balnaknock war mäßig. Alan spürte meine Kritik, rieb sich die Nase und sagte, es sei vor Jahren ein Mensch namens Kirk bei Cross Point auf Lewis gefunden worden – auf der Straße liegend, mit gespaltenem Schädel.

Das war einen weiteren Whisky wert. So beginnen Geschichten, und so begann Alan Macleods Geschichte.

Die Constables und der Sergeant aus Stornoway auf Lewis baten die Bezirksregierung in Portree auf Skye um Hilfe, und so kam Alan Macleods Vater auf die Insel Lewis, Detective Sergeant, erfahrener Aufklärer von Mordfällen, man muss ihn loben. Ein Mann mit Kopf. Wer, fragte er herum, hatte einen Grund, den Kirk zu töten?

Detective Sergeant Macleod fragte dies auch am Sonntag nach dem ersten Gottesdienst in North Dell in der voll besetzten Kirche. Schweigen. Stille – wie glockenlose Inselsonntage. Achtzehn Bankreihen stumme Gesichter.

Okay, brummte er bitter. Niemand hatte geantwortet.

„Was passiert dem Mörder?", fragte der Pfarrer, ein weißhäutiger Mensch mit schwarzem Bartschatten und roten Augenrändern, als die Kirche leer war.

„Bis er nicht verurteilt ist, gar nichts. Er wird vernommen!"

„Wo?"

„In Portree auf Skye!"

„Sperrt man ihn dann wirklich nicht ein?"

„Nur bei Fluchtgefahr!"

„Wie kommt er nach Portree?"

„Auf unsere Kosten."

Macleod kannte seine Gesetze und Vorschriften.

Zwei Stunden nach dem Gottesdienst meldete sich der Täter, ein gewisser Alex Gillespie. Er habe den Kirk ermordet, ihm den Schädel gespalten. Macleod nahm Gillespie, den Mörder, fest. Sein Motiv überzeugte ihn. Es ging um Torfrechte bei Sheilings am Loch Bacavat Cross im Norden von Lewis.

Die Geschichte fing an, mir zu gefallen.

Wir tranken den eigentlich recht mäßigen Whisky aus Balnaknock zügig, wie es sich bei guten Geschichten gehört. Alan schnippelte

Tabak von einem kleinen schwarzen Quader, den er in der Hosentasche trug, in seine Pfeife, presste ihn fest, hielt drei Streichhölzer nacheinander drüber und begann zu qualmen.

Man hielt sich fern von uns in der Kneipe von Balnaknock auf Skye, eine Meile bergwärts von Uig Bay entfernt. Wer so vertraut wie wir vor dem Torffeuer saß, der würde sich gegen jede Störung wehren.

Gillespie, fuhr Alan fort, trug seinen guten schwarzen Anzug, als sie mit dem Postboot von Port Ness nach Stornoway dampften, der Hauptstadt der Insel, und eine Stunde im Blue Anchor auf den Bus in den Süden von Lewis warten mussten. Dort übernachteten sie im Island Hotel, konnten erst am nächsten Tag die Fähre nach Uig auf Skye nehmen. Ein Polizeiauto brachte sie von dort nach Portree.

Im Verhör brach Gillespies Geständnis zusammen. Er hatte sich mal mit einem Menschen namens Kirk im Glenn Cross oben bei Cairn gestritten – aber ob der gestorben war, mit gespaltenem Schädel?

Sie ließen Gillespie frei. Der kehrte lächelnd Tage später nach Lewis zurück – mit glänzenden Augen und einem schmuddeligen Anzug.

Macleods Vater, der Detektiv, ließ sich eine Woche lang nicht blicken – vor Scham. Dann tauchte er wieder auf an der Nordspitze der Insel, wo im Nebel der Leuchtturm am Butt of Lewis seine Warnungen über die See brüllte. Er suchte den Pfarrer auf, brauchte Trost.

„Gillespie war's nicht?" Der weißhäutige Pfarrer schenkte dem Detective Sergeant Tee nach.

Der Detektiv hauste bei einer jüngst verwitweten Mrs. Campbell in Lionel. Er lief, vom Pfarrer gestärkt und ermuntert, durch den winzigen Ort, sprach mit den Leuten und war nur an einem interessiert: Wer hatte Kirk wirklich ermordet?

Der Pfarrer musste einen mächtigen Einfluss auf seine Gemeinde haben.

Es tauchten auf Sean Macleod, natürlich mit dem Detektiv nicht verwandt, sein Vetter James und dessen ältester Schwiegersohn Neil.

Diesmal war der Detective Sergeant gewitzter. Wie geschah der Mord?

Was ihm erzählt wurde, überzeugte ihn. Die drei gaben ihm sogar die Tatwaffe, das Beil. Warum sie sich freiwillig stellten? Der Pfarrer hatte ihnen ins Gewissen geredet!

Das Boot nach Stornoway war schnell. Dort sechzig Minuten Pause im Blue Anchor. Der Bus nach Tarbert brauchte seine Zeit, die Nacht im Hotel war lang, die Fähre nach Uig fuhr zwei Stunden, in Portree auf Skye standen sie am andern Mittag vor dem Richter.

Der nahm dann, eine Stunde später, den Detective Sergeant zur Seite. „Seien Sie bitte genauer bei Ihren Recherchen! Die Herren haben mit dem Tod des Kirk nichts, aber auch gar nichts zu tun."

Wieder kehrte Macleod bedrückt auf die Insel zurück.

In einer Regennacht bei kräftigem Weststurm, der die Fenster klappern ließ, wurde die Tür zu seinem Schlafzimmer aufgerissen. Es stand ein Mann dort, groß wie ein Baum, in grüner, wassertriefender Pelerine. „Kommen Sie mit!"

Macleod folgte dem Unbekannten in eine Schafscheune, reetgedecktes Dach bis ins Heidekraut, die Sparren in fester Erde verankert. „We have done it, the MacFarlane brothers." John, Albert, Jamie, Billy, Whisker und Jeff MacFarlane. „Hier ist ein Stück vom Ohr des Toten und hier ist unser Bericht. Der Hieb erfolgte mit einem Säbel, nicht mit einer Axt, von hinten, nicht von schräg oben vorn."

Detective Sergeant Macleod war sich diesmal ganz sicher. Der Mann mit der grünen, wassertriefenden Pelerine war dazu gestoßen, als damals Kirks Blut auf die Straße sickerte. Der Säbel, eine Waffe der berühmten Lancashire Hussars, wies Flecken wie getrocknetes Blut und eine Scharte auf, die entstehen mochte, wenn Knochen eines inselschottischen Schädels gespalten werden.

Richter Macpherson in Portree sah sich die sechs MacFarlane Brüder an, fragte sie aus, verhörte den Zeugen in der Pelerine und machte wieder diese abweisende Gebärde, die Macleod, der Detective Sergeant, nun schon kannte.

„Kehren Sie auf die Insel zurück und helfen Sie uns, den Mörder zu finden", bat der Richter die verhafteten, jetzt wieder frei gelassenen Brüder und den Tatzeugen. Whisker MacFarlane nahm die Aufforderung sofort an: „Was müssen wir tun?"

Der Richter erklärte es ihm. Detective Sergeant Macleod sprach kein Gälisch, wohl aber der Mann in der Pelerine und alle sechs

MacFarlane Brüder. Wer auf Lewis einen Mörder sucht, muss Gälisch sprechen. Sie nickten alle.

Und dann hatte Whisker einen guten Gedanken. „Es hat", sagte er, „keinen Sinn, wenn wir alle gleichzeitig suchen. Ich fange also allein an."

Der Detektiv blieb bei Mrs. Campbell in Lionel und tat nichts. Er rauchte, las und ging sonntags in die Kirche.

So begann die nächste Runde der Suche nach Kirks Mörder. Die MacFarlanes waren erfolgreich und der Zeuge auch. Whisker schleppte einen kleinwüchsigen Graeme an, den gewaltige Oberarme auszeichneten. Jeff brachte Hamish nach Portree, Billy fand einen geständnisbereiten Gordon. Jamie trieb eine Maureen auf, ein breithüftiges Weib aus dem Moor bei Airigh a Bealaich.

Albert zog den Postausträger von Eoropie und John schließlich die Schwester der Haushälterin des weißhäutigen Pfarrers von North Dell nach Portree auf Skye.

Der Mann in der Pelerine kam mit einem graubärtigen Schafscherer zum verhörenden Richter.

Es sei nun wohl, unterbrach sich Alan, an der Zeit, an Bord zurückzukehren. Wir könnten ja, versuchte er meinen Einspruch zu brechen, eine Flasche mitnehmen. Also one for the road und eine Flasche for the ship.

Die Gegend da oben im Nordwesten Schottlands hat ihre Tücken. Man kommt aus dem Pub, denkt an nichts Böses und es kommt Nebel auf wider jede Wettervorhersage. Das Horn am Butt of Lewis brüllte über die weite, weite See. Die Nässe kroch uns unter die Jacken. An Bord wurde mir auch nicht wärmer. Der Whisky gefiel mir nicht mehr. Gegen die Kälte half schließlich nur noch der Schlafsack. Alan kroch in seinen. Er sprach laut, ich vermute ein gälisches Nachgebet, und schlief schnarchend ein. Ich muss ihm schnell gefolgt sein.

Am Morgen war seine Koje leer.

Kein Zeichen, kein Zettel, der Schlafsack aufgerollt. Er hatte am frühen Morgen also die *Opa Reimer* verlassen. Und ich saß allein vor meinem Frühstück mit einer unvollendeten Geschichte. Wer hatte nun Kirk wirklich ermordet und warum? Das Nebelhorn vom Butt of Lewis brüllte noch in meinem Schädel – aus 68 Seemeilen Entfernung.

Ich fand Trost bei meinen Seekarten, suchte mir einen Kurs nach Norden um Cape Wrath und John O'Groats, weil die Reise entlang der englischen Ostküste kürzer und angenehmer als eine Reise durch die Irische See und den Englischen Kanal war. Das gab mir die Chance, noch einmal Stornoway und Port of Ness anzulaufen. Ich hasse Geschichten, die ohne Abschluss in der Luft hängen bleiben.

Der Wirt des Blue Anchor, der Kneipe mit der längsten Theke der Welt, ein griesgrämiger Mensch namens Finn Hendry, ließ sich zu einem herben Lächeln verleiten, als ich Alan Macleod erwähnte.

„Der mit dem schwarz-weißen Hund?"

Ich nickte.

„Wissen Sie, seit wann es da oben in Cross eine Kneipe gibt, das Cross Inn?"

Ich zuckte mit den Schultern.

„Seit sechzehn Männer und zwei Frauen, die Hälfte der erwachsenen trinkenden Bevölkerung da oben, auf Regierungskosten nach Portree auf der Insel Skye reisten und fern von zu Haus jeden Abend Whisky trinken konnten!"

„Aber Kirk wurde doch ermordet?"

„Wirklich? Wer außer dem Constable und dem Sergeant aus Stornoway hat den Toten gesehen? Der Pfarrer von North Dell? Sergeant Macleod wohl kaum! Was sollte der Mord überhaupt?"

„Sie meinen also, der Mord war erfunden?", fragte ich den Wirt vom Blue Anchor. „Damit man da oben endlich die Erlaubnis bekommt, eine Kneipe zu eröffnen?"

Das schien mir doch alles ein bisschen weit hergeholt. Kann man dem griesgrämigen Finn Hendry glauben?

Ich lief noch einmal Port of Ness an – auf dem Heimweg über Nordschottland nach Hause. Diesmal war Hochwasser. Auf der Hafenmauer parkte ein Auto mit englischem Kennzeichen. Ich bat um Mitnahme zum Cross Inn.

Um sechs Uhr trat ich in die Public Bar. Gebogene, verräucherte Balken.

Beim dritten Whisky fragte ich den Wirt, der ein paar Brocken deutsch aus seiner Militärzeit in Berlin sprach, nach Alan Macleod.

„Der Detektiv hat Mrs. Campbell geheiratet und ist letztes Jahr gestorben!"

„Ich meine den Sohn mit dem schwarz-weißen Hund!"

„Der kommt nicht hierher!"

„Wo trinkt der denn? Die nächste Kneipe ist in Stornoway, 26 Meilen weit weg!"

Der Wirt zapfte mir eine Pinte schwarzes Bier.

„Ach," sagte er dabei, „der Sohn erfindet Geschichten und lässt sich mitnehmen nach Stornoway, nach Uig auf Skye oder wohin immer storyhungrige Leute segeln. Zum Wohl, mein deutscher Freund!"

Steckbriefe

Jürgen Alberts, geb. 1946 in Kirchen/Sieg; Studium der Germanistik, Politik und Geschichte, 1972 Promotion über die Bild-Zeitung. Lebt als Schriftsteller zusammen mit seiner Frau Marita in Bremen. Seit 1970 Mitglied im Werkkreis Literatur der Arbeitswelt, seit 1973 Mitglied der IG Druck und Papier (heute IG Medien), seit 1987 Mitglied im „Syndikat". 1988 für „Landru" „Glauser"-Preis für den besten deutschsprachigen Kriminalroman, 1984

„Deutscher Krimi-Preis" für „Tod eines Sesselfurzers", 1997 „Marlowe" der Raymond-Chandler-Gesellschaft für „Der große Schlaf des J. B. Cool". Neuere Veröffentlichungen: Der Expo-Krimi (unter dem Pseudonym Mike Jaeger) (2000) „Der Violinkönig" (2000) „Kriminelle Vereinigung" (1996), „Der große Schlag des J. B. Cool" (1996), „Hitler in Hollywood" (1997), „Sieben Rosen im Atlantik" (1999, zusammen mit Marita Alberts), „J. B. Cool meets Jesus Christ" (1999).

Dieter Bromund, 1938 in Bromberg geboren, ist von Herzen Niedersachse (1945-1953 in Grefenmoor, Gemeinde Düdenbüttel, Kreis Stade gelebt). Nach Studium von Anglistik und Germanistik 25 Jahre lang als angestellter Marketing-, Werbe- und PR-Berater gearbeitet. Seit 1990 als freier Mann vom Schreiben und Übersetzen bei Frankfurt am Main lebend. Verheiratet, zwei erwachsene Töchter. Liebt See und Westwind, altmodische Segler, Inseln und seit den Schultagen das Schreiben. Aktuelle Zwischenbilanz: 20 eigene Bücher, 18 aus dem Englischen übersetzte Bücher und zahlreiche Funkfeatures und Hörspiele.

Gertrud Bruns, geb. 1960, lebt in Holtland; verheiratet, zwei Söhne. Kannte als waschechte Ostfriesin die hochdeutsche Sprache bis zum Beginn der Schulzeit nur aus dem Fernsehen. Arbeitet als Schulsekretärin, musiziert im Gitarrenchor Logabirum, schreibt seit ihrer Kindheit. 1999 wurde die Geschichte „Hermann, koom over" in der Zeitschrift „Diesel" veröffentlicht. Ihre Krimi-Kurzgeschichte „Selbst ist der Mann" erschien 2000 in der Anthologie „Mordkompott" im Leda-Verlag.

Maeve Carels, geb. 1956 in Jever; Redaktionsvolontariat, Fachabitur in Oldenburg, Sozialarbeit, Gelegenheitsarbeiten aller Art und Güte. Nach einem langen Aufenthalt inDüsseldorf lebt sie jetzt wieder in Jever. Begann Kurzgeschichten zu schreiben; als eine davon die Länge von 200 Seiten erreichte, brach sie das Studium ab und finanzierte die wachsende Schreibwut wieder mit Jobs - u.a. als Wahrsagerin. Dann erfand sie die Kleinstadt Geverensand und hatte auf Anhieb Erfolg. 1996 erschien „Arnies Welt"; Maeve Carels wurde Mitglied im „Syndikat". Weitere Romane: „Julias Orakel" (1997); „Rabenkind"
(1997); „hot line" (1997); „Lieb Töchterlein" (1998); „Das Kuckucksnest" (1999); „Schneewittchens Unschuld" (1999), „Raphaels Frauen" (2000, alle bei Bastei-Lübbe). Kurzgeschichten u.a.: „Schade" (in „Zum Morden in den Norden", SKN-Verlag Norden 1999), „Feierabend - oder: Ostfriesland ist überall" (in: „Der schwarzbunte Planet", SKN 2000), „Süßes Gift" (in: „Mordkompott", Leda-Verlag Leer 2000).

Kai Engelke, geb. 1946 in Göttingen, aufgewachsen in Hildesheim und Wyk auf Föhr; lebt in Surwold (Emsland). Redaktionsvolontariat, Pädagogikstudium; Schriftsteller, Kulturjournalist, Pädagoge, Maler und Musikant.Ständige Zusammenarbeit mit Musikern und bildenden Künstlern. Bisher etwa 25 Einzelveröffentlichungen, Mitarbeit an über 80 Anthologien. Leitung der „Surwolder Literaturgespräche" 1981 bis 1988. Mehrere Literaturpreise. Mitglied im VS-Landesvorstand. Neueste Veröffentlichungen: „Surwold Blues" (Lyrik, Rhön-Verlag 1997); „Detlef, ruf deine Mutter an" (Kurzprosa, 1998); „Wie gut, dass bei uns alles anders ist. Ein Ost-West-Dialog" (mit Christoph Kuhn; 1999, , Blut, Schweiß und Träume (Roman, 2000; alle Verlag Klaus Bielefeld, Friedland)

Dr. Bernd Flessner, geb. 1957 in Göttingen, aufgewachsen in Greetsiel; Literatur- und Medienwissenschaftler, Zukunftsforscher im Netzwerk Zukunft e.V. (Netzknoten Erlangen), lehrt seit 1991 an der Universität Erlangen-Nürnberg; freier Autor. Schreibt als Journalist und Publizist u.a. für Neue Zürcher Zeitung, Taz, Das Sonntagsblatt, natur, Kultur & Technik, Zukünfte, Theater heute, Ästhetik & Kommunikation, Wechselwirkung, MUT, mare, Kursbuch, WDR, BR, DW. Verfasst Essays, Kritiken, Rezensionen, Erzählungen, Kinderbücher, Kommentare, Treatments, Features etc. Letzte Veröffentlichungen: „Der sprechende Knochen. Perspektiven von Telefonkulturen" (Hrsg. mit Jürgen Bräunlein; Würzburg 1999); „Nach uns die Zukunft. Vom Orakel zur modernen Zukunftsforschung" (Ravensburg 1999); „Nach dem Menschen. Entwürfe für ein posthumanes Zeitalter" (Freiburg 2000), „Der schwarzbunte Planet - SF aus Ostfriesland" (Hrsg. mit Peter Gerdes, SKN 2000), Lemuels Ende (Leda-Verlag, Leer 2001), Lükko Leuchtturm und das Rätsel der Sandbank (Leda-Verlag Leer 2001).

Foto: Andreas Riedel

Peter Gerdes, geb. 1955 in Emden; Abitur, Marinefunker, Studium der Germanistik und Anglistik, zwischendurch Jobs u.a. als Drucker, LKW-Fahrer, Glashütten- und Tiefbau-Arbeiter, Maschinenhelfer auf Frachtschiffen (große Fahrt). Seit 1985 Redakteur an Tageszeitungen. Vater von drei Töchtern, lebt seit 1995 in Leer. Literarische Anfänge Ende der 70er Jahre; schreibt seit 1995 vor allem Kriminalliteratur. Mitglied im Verband deutscher Schriftsteller (VS) seit 1983, VS-Landesvorsitzender Niedersachsen/Bremen seit Februar 2000. Mitglied im „Syndikat", Leiter der Ostfriesischen Krimi-Tage. Mitglied im Arbeitskreis Ostfriesischer Autoren sowie in der Fördergemeinschaft Literatur. Neuere Veröffentlichungen: „Ein anderes Blatt"; „Thors Hammer" (Kriminalromane, beide Leer 1997); „Ebbe und Blut" (Kriminalroman, SKN-Verlag Norden 1999); „Unter dem Wolkendach" (Lyrik, Leer 1998); „Zum Morden in den Norden" (Krimi-Anthologie, SKN 1999); „Das Mordsschiff" (Kurzkrimi-Sammlung, Leda-Verlag Leer 2000); „Der schwarzbunte Planet - SF aus Ostfriesland" (Hrsg. mit Bernd Flessner, SKN 2000), „Stahnkes erster Mord" (Kurzkrimi; in: „Ferien-Lesebuch", Heyne 2000); „Blondes Gift" (Kurzkrimi; in: „Killing Him Softly", Knaur 2000); „Der Etappenmörder" (Kriminalroman, Leda-Verlag, 2001)

Helga Glaesener, 1955 geboren, hat Mathematik studiert, ist Mutter von fünf Kindern und lebt in Aurich. Bekannt ist sie vor allem durch ihre erfolgreichen historischen Romane: „Die Safranhändlerin" (List München 1997); „Die Rechenkünstlerin" (List 1998); „Du süße sanfte Mörderin" (List München, 2000). Außerdem schreibt Helga Glaesener Fantasy-Romane: Im Kreis des Mael Duin, Der schwarze Skarabäus, Der singende Stein, Der indische Baum (alle List).

Lilo Heimann, geb. 1936 in Dresden; studierte Germanistik und Philosophie in Leipzig, Heidelberg und Hamburg, arbeitete als Redakteurin, Lektorin und Korrektorin für Tageszeitungen, Fachzeitschriften, den Rundfunk und eine Presseagentur. Sie lebt in Leer und ist Mitglied im Vorstand der „Fördergemeinschaft Literatur". Geschieden, eine Tochter. Neuere Veröffentlichungen: „Matjesessen im Tapetenzimmer" (in: „Mordkompott", Leda-Verlag Leer 2000), „Feuer im Schiff", „Seetheater", „Paradies auf See" (in: „Faszination See", Leda-Verlag Leer 2000)

H. P. Karr (Pseudonym), geb. 1955 in Saalfeld; war Reporter, Redakteur, zeitweise Übersetzer und Internet-Buchhändler. Er schrieb und schreibt für Zeitungen, Zeitschriften und den Rundfunk und veröffentlichte bisher die Kriminalromane „Geierfrühling", „Rattensommer", „Hühnerherbst" und „Bullenwinter" (alle gemeinsam mit Walter Wehner), „Doppelt gewinnt" (mit Barbara Hölscher) und „Mord ist nichts für Männer" sowie den Ratekrimi-Band „Ein Fall für Marlene Kemper". Ausgezeichnet u.a. mit dem „Glauser" (Autorenpreis deutschsprachige Kriminalliteratur) 1996 und einem Hörspiel-Stipendium der Filmstiftung NRW 1997. Außerdem: „Finale in Friesland" (in: „Mordkompott"Leda-Verlag Leer 2000)

Josef Kaufhold, geb. 1950 in Wipperfürth; Volksschule, kaufmännische Lehre, zweiter Bildungsweg. Arbeitete in verschiedenen Berufen, u.a. als Fernfahrer. Pädagogikstudium (Lehramt) an der Carl-von-Ossietzky-Universität Oldenburg: Deutsch (Schwerpunkt Literaturwissenschaft) und Biologie. Seit 1979 im Schuldienst, derzeit Rektor der Emsschule in Emden. Schreibt vorwiegend Lyrik, Prosa, feuilletonistische Beiträge und Kinderliteratur. Mitglied im Verband deutscher Schriftsteller (VS) und im Arbeitskreis Ostfriesischer Autorinnen und Autoren. Lebt in Emden. Seine Krimi-Kurzgeschichte „Pantjestipp" erschien in „Mordkompott" (Leda-Verlag Leer 2000).

Jürgen Kehrer, 1956 in Essen geboren, zog 1974 zum Studium nach Münster, wo er heute als freiberuflicher Schriftsteller lebt. Nach dem Studium der Pädagogik arbeitete Jürgen Kehrer als freier Journalist. Zunächst neben dem Journalismus, seit 1994 schreibt er Kriminalromane, historische Romane, Drehbücher und Sachbücher. Drei seiner Romane mit dem Privatdetektiv Georg Wilsberg wurden vom ZDF verfilmt. Inzwischen läuft „Wilsberg" als Samstag Abend-Reihe im ZDF. Jüngere Veröffentlichungen: Kriminalromane im Grafit-Verlag: „Das Kappenstein Projekt" (1997); „Das Schapdetten-Virus" (1997); „Irgendwo da draußen" (1998); „Der Minister und das Mädchen" (1998); „Vorbildliche Morde" (1999); „Wilsberg und die Schloss-Vandalen" (2000); „Wilsberg isst vietnamesisch"(2001).

Außerdem erschienen im Waxmann-Verlag, Münster, seine historischen Kriminalromane : „Tod im Friedenssaal" (1997); „Das Geheimnis der Tulpenzwiebel" (1998); „Mord im Dom" (1999); „Der Kaufmann und die Tempelritter" (2001) und die Sachbücher: „Mord in Münster" - Kriminalfälle aus fünf Jahrhunderten (1995); „Schande von Münster" - Die Affäre Weigand (1996)

Sandra Lüpkes, geb. 1971 in Göttingen, fühlt sich als echte Insulanerin, obwohl sie erst mit fünf Jahren nach Juist zog. Doch das Leben zwischen Dünen und Deich prägt, und so zog es die Hobby-Autorin auch nach Schule und Berufsausbildung in Norden und Hannover auf die Insel zurück. Hier arbeitet sie inmitten von Insel-Idylle und Touristen-Trubel als selbstständige Werbegestalterin und organisiert den Familien-Haushalt. Schreibt Kolumnen In der Insel-Broschüre „Strandlooper", singt in der Juister Band „Strandgut", deren Texte ihrer Vorliebe für Wortspielereien entsprungen

Foto: Anne Eilers

sind. Ihr Geschichte „Kleine Welt" erschien in der Anthologie „Der schwarzbunte Planet" (SKN-Verlag Norden 2000).Neuere Veröffentlichungen: „Bastards Bohntjesopp" (in: „Mordkompott"); „Schatzsuche" (in: Faszination See", beide Leda-Verlag Leer 2000); „Die Sanddornkönigin" (Leda-Verlag Leer, 2001)

Foto: Brigitte Röttgers

Detlef Michelers, geboren 1942 in Berlin, war nach der Ausbildung zum Reedereikaufmann und Schiffsmakler in verschiedenen Berufen tätig. Verfasst Radiofeatures, Erzählungen, dokumentarische Literatur und Hörspiele. Lebt als freier Autor in Bremen und Berlin.Im Frühjahr 2002 erscheint von sein Buch „Draufhauen, draufhauen, nachsetzen! Die Bremer Schülerbewegung, die Straßenbahndemonstrationen und ihre Folgen (1967-1970)

Renate Müller-Piper, Abitur. Lehrerin, mit Schwerpunkten: Deutsch und Kunsterziehung. Seit 1959 in Haarmann-Town (Hannover). 1994 Fernstudium 'Literarische Moderne' mit Prädikat (Uni Tübingen). Arbeitsgebiete: Kurzkrimis, Satiren, Erzählungen, Feuilletons. literarische Porträts; journalistische Arbeit. Leitung von Kurzkrimiseminaren. Organisation zahlreicher Lesungen vielerorts. 1987 Preisträgerin des Kurzkrimiwettbewerbs vom Kulturrat Göttingen. Seit 1994 Mitglied im SYNDIKAT, seit 1997 bei „Sisters in Crime / German Chapter' 1994 in der Glauser-Jury.

Petra Oelker, geboren 1947 in Cloppenburg, lebt in Hamburg. Sie arbeitete als freie Journalistin u. a. für die „Brigitte". Sie hat Jugend- und Sachbücher veröffentlicht, u.a. „Nichts als eine Komödiantin – Die Lebensgeschichte der Friederike Caroline Neuber". Zu ihren bekanntesten Büchern zählen die historischen Kriminalromane „Tod am Zollhaus", „Der Sommer des Kometen" und „Lorettas letzter Vorhang" (alle Rowohlt -Verlag, Reinbek).

Foto: Rowohlt-Verlag

Karen Riefflin, geb. 1969 in Flensburg; Studium der Anglistik, Geschichte und Betriebswirtschaft an der Uni Hamburg; seither tätig als freie Autorin und Übersetzerin. Veröffentlichungen: „Tødliche Pølser" (in: „Mörderisches Flensburg", Husum 1997), „Waterkant in Mörderhand" (Hrsg., Kurzkrimi-Anthologie, Ariadne im Argument Verlag Hamburg 1999). „Sanfter Schein" war 1998 zweitplatziert beim Norddeutschen Krimi-Förderpreis der Stadt Seelze. Ihr Kurzkrimi „Pharisäer" erschien im „Mordkompott" (Leda-Verlag 2000)

Manfred C. Schmidt, geboren 1956 in Emden, studierte in Köln und Oldenburg. Seit 1986 lebt er in Esens und arbeitet dort als Sonderschullehrer. Erste Schreiberfahrungen sammelte er in einem Emder Schülerkabarett; Veröffentlichungen in Tageszeitungen. Seine Geschichte „Stadtflucht" erschien in der Sciencefiction-Anthologie „Der schwarzbunte Planet" (SKN-Verlag Norden 2000).

Klaus Thomas Schnittger, geboren 1950 in Dortmund, lebt als Schriftsteller und Lehrer mit Barbara, David und Marie in Osnabrück. Mitglied im VS Niedersachsen, in der GEW und im Autorenprogressiv PegasOs e.V. An der VHS leitet er Schreibwerkstätten, hat bisher drei Theaterstücke geschrieben und aufgeführt, arbeitet mit Musikern und bildenden Künstlern zusammen. Veröffentlichungen u.a.: „der sprung durchs nadelöhr", gedichte und prosafragmente (Edition Collage, Hildesheim 1985); „Diese Lieder gehören dem Volk – ein Geschichtsliederbuch für die Region Osnabrück" (Osnabrück 1990, zusammen mit Günter Gall); zusammen mit Klaus Lenser veröffentlichte er die CDs „prickelpitt und trallafitti" und „zissemänner"

Barbara Wendelken wurde 1955 in Schwanewede bei Bremen geboren, Ist verheiratet, hat drei Kinder und lebt in Wiesmoor. Beinahe zwanzig Jahre arbeitete sie als Kinderkrankenschwester – zuletzt auf einer Intensivstation für Früh- und Neugeborene. 1993 erschien als erstes Buch ein Märchen; seit 1996 veröffentlicht sie regelmäßig Bücher für Kinder und Erwachsene. Sie ist Mitglied im VS, im Syndikat und bei den Sisters in Crime. 1998 war sie Mitglied der „Glauser"- Jury, die den Autorenpreis für den besten deutschsprachigen Kriminalroman des Jahres vergibt. Seit 1999 ist sie Mitorganisatorin für die Vergabe des „Martin", eines Autorenpreises für Kinderkrimis. Ihre Erzählung „Wagenbach" wurde 1999 mit dem zweiten Platz beim Ellwanger Jugendliteraturpreis ausgezeichnet. Neuere Veröffentlichungen: „Schuldige müssen sterben" (Knaur 1997), „Hexenzirkel" (Knaur 2000); „Ein Fall für Oskar" , „Oskar und der Zirkusfall"; „Oskar unter Verdacht", „Oskar und die Inline-Skater",; Oskar und die Eiserpresser"; „Die drei Paulas und das Gespenst im Hühnerstall", Die drei Paulas jagen Kunibert"; „Die drei Paulas und der geheimnisvolle Herr Leopold" (alle edition albarello, Wuppertal); „Die Giftmörderin von Dornumersiel (in: „Zum Morden in den Norden", SKN-Verlag Norden)

Holger Fischer, geboren 1959 in Emden, ist Grafik-Designer, Illustrator und Cartoonist. Er lebt in Aurich und ist Gastprofessor an der Hochschule für Künste in Bremen.Für den Leda-Verlag konzipierte er die Gestaltung der Krimireihe und zeichnet die Titelbilder der Krimis. Neuere Publikationen: „Vom Feinsten" (1998); „Dat Ollske und de Bigge" (1999); „Bach satt!" (2000); „Eerdmanntjes" (2001).

Peter Gerdes (Hrsg.): Mordkompott Kriminelles zwischen Klütje und Kluntje – 2. Auflage
ISBN 3-934927-01-7, 232 S., 24,80 DM/ 12,70 Euro

„...ich habe Billie Rubins Geschichte von Klaus Fleißing und Karin Dumberger in der Dünenklause gelesen! Natürlich habe ich in dem interessanten Buch auch sonst mit Vergnügen geblättert und manches Rezept hat meine Frau sich zu eigen gemacht. So kann ich Ihnen danken für eine schöne Lektüre, die den inzwischen fünfwöchigen Aufenthalt auf der Insel bereichert hat." *(Bundespräsident Johannes Rau)*

Peter Gerdes: Der Etappenmörder (Kriminalroman)
Beim Ossiloop, dem beliebtesten Volkslauf Ostfrieslands, kommen nicht nur die Läufer ins Schwitzen. Hauptkommissar Stahnke muss rätselhafte Mordanschläge aufklären. Ein Wettlauf gegen die Zeit!
ISBN 3-934927-08-4; 192 Seiten; 19,80 DM / 10 Euro

„Mit dem Etappenmörder hat Peter Gerdes alles andere als einen provinziellen Krimi vorgelegt, der sich nicht hinter den vermeintlich Großen des Genres zu verstecken braucht. Ein guter Plot, geistreiche Dialoge und Spannung bis zum Schluss zeichnen den Roman aus."
Frank Krümmer, condition Juni 2001

Sandra Lüpkes: Die Sanddornkönigin (Inselkrimi), ISBN 3-934927-11-4, 176 S., 19,80 DM/ 10 Euro (2. Auflage)
Juist in der Nachsaison. Die Gastronomie der Insel bereitet sich auf die Sanddorntage vor. Mit erlesenen Spezialitäten will das Hotel „Dünenschloss" die ebenso erlesenen Gäste verwöhnen. Kurz vor dem großen Ereignis wird die eben gekürte Sanddornkönigin tot in den Dünen gefunden. Kommissarin Wencke Tydmers von der Auricher Kripo muss auf die Insel und sich dort nicht nur mit dem Mord, sondern auch noch mit ihrem ehrgeizigen Kollegen Sanders auseinandersetzen. Der möchte bei der nächsten Beförderung allzu gerne Wenckes Chefwerden. Pedantische Täterprofile kontra chaotische Intuition – welche Strategie verspricht mehr Erfolg? Klar wird bald: Bei den Ermittlungen zwischen Hochzeitssuite und Hotelküche kann man sich leicht die Finger verbrennen.

„Eine spannende Lektüre, die man ungern aus der Hand legt."
Ostfriesen-Zeitung

Leda-Krimis – mein lieber Schwan!

Bernd Flessner/ Peter Pabst: Lükko Leuchtturm und das Rätsel der Sandbank
Witzige Rätselgeschichten mit dem kleinsten Leuchtturm der Welt und seinen Freunden.
ISBN 3-934927-03-3, 108 Seiten, vierfarbig illustriert, gebunden.
26,80 DM / 13,70 Euro

Spillwark: Weihnachten mit Lükko Leuchtturm
CD 24,00 DM/12,30 Euro
MC 17,00 DM/ 8,70 Euro

Hanna Dunkel: Von der Königin, die behaglich Tee zu trinken wünschte
Märchen mit Scherenschnitten von Ronny Willersinn.
Gebundene Ausgabe, 108 Seiten
ISBN 3-934927-04-1, 26,80 DM/13,70 Euro

Erik Bedijs: Das Fahrrad mit der Nummer 13
Kinderkrimi. ISBN 3-934927-09-2, 96 S., 12,70 DM/ 6,50 Euro